Erfassen und Einordnen

Exemplarische Texte und Übungen zur deutschen Landeskunde

Hartmut Delmas · Annelie Wendt

Max Hueber Verlag

Studienreihe Deutsch als Fremdsprache
Herausgeber: Dietrich Eggers

Heft 8
Erfassen und Einordnen
Exemplarische Texte und Übungen zur deutschen Landeskunde

Bearbeiter: Hartmut Delmas, Annelie Wendt

1. Auflage 1980 Lambert Lensing, Dortmund

4. 3. 2. | Die letzten Ziffern bezeichnen
1995 94 93 92 91 | Zahl und Jahr des Druckes.
Alle Drucke dieser Auflage können, da unverändert, nebeneinander
benutzt werden.
2., unveränderte Auflage 1989

Druck: WB-Druck, Rieden am Forggensee
Printed in Germany
ISBN 3-19-001448-5

Inhaltsverzeichnis

Zur Einführung

Sie lernen Deutsch, und Sie wollen etwas über Deutschland erfahren. Deshalb lesen Sie u. a. deutsche Texte zur Landeskunde. Diese Texte enthalten ein bestimmtes Wortmaterial, das in verschiedenen grammatischen Erscheinungsformen verwendet wird. Wenn Sie die Bedeutung der Wörter kennen und die grammatischen Strukturen verstehen, erhalten Sie durch den Text Informationen über Deutschland. Sie lesen aus dem Text einen Inhalt heraus. Oft steckt aber in dem Text oder hinter ihm noch weit mehr Inhalt, als man zuerst erkennt. Dieser weitere Inhalt ist wichtig, damit man den Text wirklich versteht. Er läßt sich jedoch nur erfassen, wenn man entsprechende Fragen stellt. Mit diesen Fragen kann man herausfinden, was man noch nicht weiß. Nun braucht man wieder neue Informationen. Dieses Fragen-Stellen und Antworten-Suchen muß manchmal sehr lange fortgesetzt werden. Das gilt besonders, wenn man die Lebensbedingungen und -formen der Menschen eines anderen Landes kennenlernen will, um diese besser verstehen zu können.

Über dieses andere Land wissen Sie immer schon etwas, spätestens sobald Sie beginnen, seine Sprache zu lernen. Die von Ihnen neu erworbenen Informationen treffen mit diesem Vorwissen zusammen. Und nun ist es von großer Bedeutung, daß Sie diese Informationen angemessen einordnen und verarbeiten können. Erst dann werden Sie das andere Land und seine Menschen – und vielleicht auch sich selbst – besser verstehen.

Ein ganz kleines Beispiel: Sie hören oder lesen den Satz:

Deutschland verlor!

– nur diesen Satz –, und sofort beginnen Ihre Fragen, z. B. *Wann? – Wo? – Wobei? – Gegen wen? – Wodurch? – ...*

Wann? läßt sich noch beantworten: Es verlor – also in der Vergangenheit, aber –: Ist das genau genug? – und: *Welches* Deutschland ist gemeint? – Das Kaiserreich, Hitlerdeutschland, die Bundesrepublik Deutschland, die DDR? Ging es um einen Krieg, um Wirtschaftsverhandlungen oder um ein Fußballspiel?

Fragen über Fragen. Wir müssen also mindestens erst wissen: *Wann, wo* und *von wem* wurde dieser Satz *in welchem Kontext* geschrieben oder gesprochen. Und so entstehen wieder neue Fragen. Für ihre Beantwortung haben wir oft nur den Kontext unseres Vorwissens zur Verfügung, eventuell einige Lexika, Nachschlagewerke und weitere Bücher oder auch nur das, was man uns an neuen Informationen gerade anbietet. Auf dieses Phänomen müssen wir besonders achten. Fangen wir an:

▶ Lesen Sie bitte den folgenden Text.

Es war unvermeidlich, daß eine Politik, die im Effekt mit einer zwanzigjährigen Tradition der ostpolitischen Fiktionen brach, die Öffentlichkeit der Bundesrepublik tief aufwühlte. Nach innen gesehen handelte es sich ja um nicht weniger als um das Bewußtwerden einer Verschiebung der Legitimationsgrundlage der Bundesrepublik, die sich freilich im stillen seit langem vorbereitet hatte – um die Akzeptierung des „Provisoriums“ in seinen tatsächlichen Grenzen als bleibender Staat der freien Deutschen. Nun schieden sich an dieser Frage die Geister, zum Teil auch die Generationen: Für viele der Älteren, die noch ein vorhitlerisches Deutsches Reich gekannt hatten, bis in die Reihen der Sozialdemokratie hinein war der Entschluß schwer, am bittersten für die Vertriebenen unter ihnen. Doch großen Teilen der mittleren und jüngeren Generation, bis weit in die Kreise der bisherigen CDU-Wähler hinein, erschien er als eine Befreiung von überlebtem Ballast – und für jene Gruppen, die noch nahe Verwandte und enge Freunde im anderen Teil Deutschlands hatten, denen die deutsche Frage nicht Gegenstand nationaler Ansprüche, sondern menschlicher Sorge war, als ein Hoffnungsschimmer.

Sie haben den Text gelesen, vielleicht sogar mehrfach. Haben Sie ihn auch verstanden? Vermutlich noch nicht. Was macht man, um einen Text besser zu verstehen?

Erster Arbeitsschritt

▶ Zunächst muß man sich sicherlich über einige unbekannte Wörter informieren. Ordnen Sie dazu den Wörtern und Ausdrücken aus dem Text bitte die nebenstehenden Erklärungen richtig zu:

unvermeidlich	– die Berechtigung
die Fiktion	– sich lossagen von
brechen mit	– heimlich
aufwühlen	– der Prozeß des Erkennens
das Bewußtwerden	– die Meinungen sind ganz verschieden
die Verschiebung	– vorläufiger Zustand
die Legitimation	– die Erdichtung
im stillen	– nicht zu umgehen
das Provisorium	– die Veränderung
die Geister scheiden sich	– anachronistisch
der Vertriebene	– emotional erschüttern
der Ballast	– der schwache Glanz
überlebt	– die Belastung
der Schimmer	– jemand, der gezwungen wird, seine Heimat zu verlassen

Wenn Ihnen weitere Wörter unbekannt sind, so schlagen Sie ihre Bedeutung in einem einsprachigen Wörterbuch nach.

■ **Um einen Text zu verstehen, sollte man die Bedeutung unbekannter Wörter klären.**

Obwohl Sie nun jedes Wort des Textes verstehen, ist Ihnen sicherlich noch nicht der Text insgesamt klar.

Zweiter Arbeitsschritt

Als nächstes sollten Sie sich mit den grammatischen und syntaktischen Strukturen der Sätze vertrauter machen. Bearbeiten Sie zu diesem Zweck den folgenden Übungstext, in dem die schwierigen Strukturen aufgelöst ▶ sind. Schreiben Sie diesen neuen Text mit den fehlenden Satzteilen (oft mehrere Wörter) auf:

> Die Politik brach im Effekt mit einer zwanzigjährigen Tradition ______. Solch eine Politik wühlte ______ tief auf. Das war ______. – Seit langem hatte sich im stillen ______ verschoben. Man mußte sich über diese Verschiebung klar werden. Um nichts weniger als um dieses ______ handelte es sich nach innen gesehen. Es ging um ______ des „Provisoriums". Was als vorläufige Einrichtung gemeint gewesen war, mußte in seinen tatsächlichen Grenzen als ______ der freien Deutschen anerkannt werden. – Nun schieden sich ______ die Geister. Zum Teil stimmten in dieser Frage auch ______ nicht überein: Die Älteren hatten noch ein ______ gekannt. Für viele von ihnen, bis in die Reihen ______ hinein, war der Entschluß schwer. Am bittersten war diese Entscheidung ______ unter den Älteren. – Doch großen Teilen der ______ und ______ Generation erschien die Akzeptierung des Status quo als ______ von überlebtem ______. Das ging weit in die Kreise ______ hinein. – Manche Gruppen hatten noch ______ und ______ im anderen Teil ______. Ihnen war die deutsche Frage nicht Gegenstand ______. Die Teilung Deutschlands war ihnen ______ menschlicher Sorge. Jenen Gruppen erschien der Entschluß als ______.

▶ Bestimmen Sie die Funktion der eingefügten Satzteile.

■ **Um einen Text zu verstehen, sollte man die Strukturen der Sätze erkennen und begreifen.**

Wenn Ihnen nun der Text mit seinem Vokabular und seinen syntaktischen und grammatischen Strukturen bekannt ist, kann seine inhaltliche Bearbeitung beginnen.

Dritter Arbeitsschritt

Ein sinnvoller Beginn der inhaltlichen Bearbeitung ist die Beantwortung ▶ von Fragen eng an der Vorlage. Beantworten Sie die folgenden Fragen zum Textverständnis mit Hilfe der Zeilenangaben.

(a) Womit brach die Politik? (Zeile 1)
(b) Was war unvermeidlich? (Zeile 2)
(c) Welcher Vorgang wurde der bundesdeutschen Öffentlichkeit bewußt? (Zeile 4)
(d) Was hatte sich seit langem vorbereitet? (Zeile 4)
(e) Als was mußte das „Provisorium" akzeptiert werden? (Zeile 6)

(f) Wer hatte noch ein vorhitlerisches Deutsches Reich gekannt? (Zeile 8)
(g) Wie war der Entschluß für die Vertriebenen? (Zeile 10)
(h) Wem erschien der Entschluß als Befreiung? (Zeile 10/11)
(i) Wovon fühlten sich die Jüngeren befreit? (Zeile 12)
(j) Wo lebten Verwandte und Freunde mancher Gruppen? (Zeile 13)
(k) Was war für einige die deutsche Frage nicht? (Zeile 14)
(l) Welche Bedeutung hatte der Entschluß für manche? (Zeile 15)

▶ Entwickeln Sie ähnliche Fragen und beantworten Sie sie auf die gleiche Art und Weise.

■ **Um einen Text zu verstehen, sollte man Fragen aus dem Text heraus entwickeln und innerhalb des Textes beantworten.**

Haben Sie den Eindruck, den Text inhaltlich schon völlig erfaßt zu haben? Das ist kaum möglich. Deshalb: Gehen wir weiter!

Vierter Arbeitsschritt

▶ Schreiben Sie bitte auf, an welchen Stellen Ihnen die Bedeutung des Textes unklar ist.

▶ Lesen Sie außerdem folgende Fragen zum Textinhalt.

(a) Welche *ostpolitischen Fiktionen* meint der Text?
(b) Was ist die *Legitimationsgrundlage der Bundesrepublik?*
(c) Welche *Verschiebung der Legitimationsgrundlage* gab es?
(d) Was wird als *„Provisorium“* bezeichnet?
(e) Warum steht *„Provisorium“* in Anführungsstrichen?
(f) Wen nennt der Text die *freien Deutschen*?
(g) Was ist mit *Sozialdemokratie* gemeint?
(h) Warum werden die Älteren *bis in die Reihen der Sozialdemokratie hinein* besonders betont?
(i) Von welchem *Entschluß* ist die Rede?
(j) Was für *Vertriebene* meint der Text?
(k) Warum wird zwischen den *Älteren* und der *mittleren und jüngeren Generation* unterschieden?
(l) Was ist die *CDU*?
(m) Warum spricht der Text von den *bisherigen* CDU-Wählern?
(n) Was wird im Text als *Ballast* bezeichnet?
(o) Was ist für den Text der *andere Teil Deutschlands*?
(p) Inwiefern sind *Verwandte* und *Freunde* im Text wichtig?
(q) Von welcher *deutschen Frage* ist die Rede?
(r) Was für *nationale Ansprüche* meint der Text?
(s) Welche *menschliche Sorge* wird im Text erwähnt?
(t) Wieso war der Entschluß für manche ein *Hoffnungsschimmer*?

▶ Formulieren Sie ähnliche Fragen an solchen Stellen des Textes, an denen die Bedeutung bestimmter Wörter und Wendungen inhaltlich noch nicht einsichtig ist. Das ist besonders dann der Fall, wenn **Begriffe** durch den bestimmten Textzusammenhang etwas anderes bezeichnen als normalerweise. Z. B. kennen Sie das Wort *deutsch,* das eine Staatsangehörigkeit oder eine Sprache bezeichnet, und auch das Wort *Frage,* das üblicherweise eine Form von Erkundigung bedeutet. Der Begriff *die deutsche Frage* meint jedoch etwas ganz anderes als die ‚Erkundigung mit Hilfe der deutschen Sprache', nämlich *die Teilung Deutschlands, die Problematik der Beziehungen zwischen der Bundesrepublik Deutschland und der DDR.* Der Leser eines Textes muß sensibel für begriffliche Unklarheiten werden. Sie signalisieren, daß er einen Teil des Inhalts nicht verstanden hat.

■ **Um einen Text zu verstehen, sollte man vom Text gebrauchte Formulierungen und Begriffe auf ihre inhaltliche Bedeutung hin befragen.**

Inzwischen ist Ihnen sicherlich klar, daß ein wesentliches Mittel der Textbearbeitung das Fragen ist. Natürlich dürfen die Antworten nicht fehlen.

Fünfter Arbeitsschritt

Welche der oben gestellten Fragen können Sie beantworten? Wahrscheinlich nur die eine oder die andere. So z. B. vielleicht Frage (f), wenn Sie den **Textzusammenhang** ungefähr verstanden haben; vermutlich die Fragen (g) und (l) mit Hilfe Ihrer **Vorinformationen** und wahrscheinlich die Fragen (q) und (r) aus Ihrem **Vorwissen** heraus. Als Vorinformation bezeichnen wir die Kenntnis, die man von einer Sache schon hat, bevor man – durch Lektüre, Nachrichten etc. – etwas Neues darüber erfährt. Das Vorwissen besteht aus der Summe von Vorinformationen, deren Zusammenhänge man erkannt hat.

■ **Um einen Text zu verstehen, sollte man versuchen, einige aus dem Text heraus gestellte Fragen mit Hilfe des Textzusammenhangs und des Vorwissens zu beantworten.**

Einen Teil der Fragen zur Bedeutung einzelner Wendungen und Begriffe haben Sie beantwortet. Viele Fragen sind aber noch offen.

Sechster Arbeitsschritt

Der Sinn dieser Fragen war es zu zeigen, daß man unter bestimmten Bedingungen auch bei sehr gutem sprachlichen Verständnis eines Textes bestimmte Fragen nicht beantworten kann. Was Sie jedoch herausfinden sollen, sind die Gründe dafür.
Zur Beantwortung von Fragen brauchen Sie Informationen über
- die Zeit (der *ostpolitischen Fiktionen*),
- den geographischen Raum (der betreffenden Vorgänge),
- die politischen Bedingungen (für die *Legitimationsgrundlage* des erwähnten Staates) und vieles mehr.

▶ Ergänzen Sie die Aufzählung.

Wenn Sie herausgefunden haben, zu welchen Aspekten des Dargestellten Ihnen Informationen fehlen, sind Sie sich Ihrer **Informationsdefizite** bewußt geworden. Das hilft Ihnen dabei, die Richtung zu finden, in der Ihre Antworten liegen.

■ **Um einen Text zu verstehen, sollte man feststellen, was für Informationen einem fehlen, damit man aus dem Text heraus gestellte Fragen zu Begriffen etc. beantworten kann.**

Lassen wir die Fragen offen! Wichtig ist, daß Sie erkannt haben, wo Ihre Informationsdefizite sind: Hätten Sie die nötigen Informationen, könnten Sie die Fragen beantworten. Aber: Es gibt noch mehr Fragen, die an einen Text zu richten sind.

Siebter Arbeitsschritt

Die Fragen, die bis jetzt auftraten, wurden durch den Text selbst nahegelegt. Um aber auch die Umgebung des Textes, den **Kontext,** besser zu erfassen, um den Text in seinen Kontext einzuordnen, muß man eine andere Art von Fragen stellen. Jeder Text spricht über etwas, jeder Text hat ein **Thema.** Der Text selbst interessiert uns, aber er ist nicht Selbstzweck. Wir wollen mehr über sein Thema und dessen Teilthemen erfahren. Welche der folgenden Themenbereiche (Teilthemen) halten Sie für relevant?

- Die traditionelle Ostpolitik der Bundesrepublik Deutschland.
- Kontakte zwischen Verwandten in der Bundesrepublik Deutschland und der DDR.
- Auffassungen der verschiedenen Generationen.
- Positionen der politischen Parteien.

▶ Begründen Sie kurz Ihre Entscheidung und formulieren Sie ein weiteres in diesem Zusammenhang für Sie besonders interessantes Teilthema.

Gewiß ist Ihnen deutlich geworden, daß der Text zu bestimmten Themenbereichen ausdrücklich – **explizit** – etwas sagt, daß er manche Aspekte unausgesprochen – **implizit** – behandelt oder berührt und sich zu anderen, interessanten Bereichen **gar nicht** äußert. Ein Text stellt immer nur einen Ausschnitt aus einem inhaltlichen (subjektiven oder objektiven) Kontext dar. Dieser bestimmt den Text mit.

■ **Um einen Text zu verstehen, sollte man nicht nur Fragen aus dem Text heraus stellen, sondern auch Fragen von außen an den Text herantragen.**

Denn: Ein Text hält oft mehr Informationen zum Thema zurück, als er gibt; er enthält Informationen in angedeuteter, verschlüsselter Form. Um diese Informationen zu erhalten, benötigt man Mittel der **Texterschließung.** Was sind die Mittel der Texterschließung?

Achter Arbeitsschritt

Da Sie sich mit landeskundlichen Texten beschäftigen, wollen Sie über verschiedene Bereiche des Lebens in diesem Land und der Entwicklung dieses Staates etwas erfahren, d. h. wir sollten zielgerichtet fragen nach

- Geschichte
- Geographie
- Politik
- Wirtschaft
- Gesellschaft
- Institutionen
- Kultur

und nach vielem mehr. Seien Sie nicht zufrieden mit den Informationen, die Ihnen ein landeskundlicher Text „freiwillig" gibt, sondern befragen Sie den Text zu genau den Bereichen, die Sie im Gebiet der Landeskunde interessieren. Aus Ihrer „Liste" von Interessenbereichen läßt sich ein **Katalog von Erschließungsaspekten** ableiten, mit denen Sie jeden landeskundlichen Text von außen befragen können.

■ **Um einen landeskundlichen Text zu verstehen, sollte man einen Katalog von Erschließungsaspekten aufstellen.**

Für jedes landeskundliche Thema sind mehrere dieser Bereiche in unterschiedlicher Kombination und Gewichtung relevant, auch wenn sich der Text nicht explizit auf sie bezieht.

Neunter Arbeitsschritt

▶ Entwickeln wir nun einen Katalog von Erschließungsaspekten und wenden wir ihn auf den vorliegenden Text an: Äußert sich der Text (1) explizit, (2) implizit, (3) gar nicht zu

- **historischen** Aspekten seines Themas
- **geographischen** Aspekten seines Themas
- **politischen** Aspekten seines Themas
- **wirtschaftlichen** Aspekten seines Themas
- **sozial/soziologischen** Aspekten seines Themas
- **institutionell/öffentlich/staatlichen** Aspekten seines Themas
- **kulturell/intellektuell/ideologischen** Aspekten seines Themas?

▶ Belegen Sie Ihre Antworten zu (1) und (2) mit Textstellen. Überlegen Sie außerdem, ob andere Bereiche landeskundlichen Interesses für diesen speziellen Text wichtig sind.

■ **Um einen landeskundlichen Text zu verstehen, sollte man prüfen, welche Erschließungsaspekte des Katalogs für den speziellen Text relevant sind.**

Nunmehr wissen Sie, zu welchen Bereichen der Landeskunde sich der Text explizit, implizit oder nicht äußert. Was nützt Ihnen das?

Zehnter Arbeitsschritt

Erinnern wir uns an das wesentliche Mittel der Texterschließung, das Fragen. Es gilt jetzt, Fragen zu den für den Textinhalt relevanten Bereichen zu stellen.

Der Bereich der Geschichte tritt gleich am Anfang unseres Textes auf (Zeile 1). Wenn Sie zum Gründungsjahr der Bundesrepublik Deutschland (?) zwanzig Jahre addieren, erfahren Sie, welche Zeit der Text behandelt. Sie haben unschwer herausgefunden, daß der Text sich mit Politik befaßt. Erwähnt werden die *Bundesrepublik, ein vorhitlerisches Deutsches Reich* neben einem *anderen Teil Deutschlands*; ebenso die *Sozialdemokratie* und *CDU-Wähler*. Unter dem **historischen** und dem **politischen Aspekt** können Sie nun Fragen von außen an den Text herantragen, wie

- Welche Parteien waren zur behandelten Zeit an der Regierung? Welche in der Opposition?
- Wer war Bundeskanzler? Welche Mitglieder der Regierung spielten eine große politische Rolle?
- Welches außenpolitische Programm verfolgte die Regierung? Mit welchen Staaten hatte sie intensive Kontakte?

▶ Überlegen Sie ähnliche Fragen zu diesen und anderen Aspekten des Themas. Bedenken Sie dabei, daß auch diejenigen landeskundlichen Bereiche, die der Text nicht erwähnt, für den inhaltlichen Kontext wichtig sein können.

■ **Um einen landeskundlichen Text zu verstehen, sollte man mit Hilfe des Katalogs von Erschließungsaspekten solche Fragen entwickeln, die den Text konkret betreffen.**

Fragen über Fragen liegen jetzt vor; im vierten und sechsten Arbeitsschritt blieben Fragen offen, und in diesem Abschnitt haben Sie neue formuliert.

Elfter Arbeitsschritt

Alle Fragen, die unbeantwortet blieben, waren aufgetreten, gerade weil der Text sie nicht klärt. Sie sind nicht innerhalb des Textes beantwortbar. Wo finden Sie also die nötigen Antworten und Informationen? Nur außerhalb des Textes. Sie benötigen Hilfsmittel, wie sie im **Anhang II** dieses Arbeitsheftes zusammengestellt sind: Nachschlagewerke, Dokumentationen etc.

▶ Sehen Sie sich den **Anhang II** genau an!

■ **Um einen landeskundlichen Text zu verstehen, sollte man die aus dem Text entwickelten und die an den Text herangetragenen Fragen dadurch beantworten, daß man alle verfügbaren Hilfsmittel auswählt und benutzt.**

Nehmen wir an, Sie hätten alle offenen Fragen auf diese Weise beantwortet, d. h. Ihre Informationsdefizite behoben, so bleibt noch ein letzter Schritt zu vollziehen.

Zwölfter Arbeitsschritt

Bislang war die Rede davon, daß der **Text** ein landeskundlich relevantes Thema darstellt. Tatsächlich ist es jedoch natürlich ein **Verfasser,** der mit dem Medium Text ein Geschehen oder eine Situation aus seiner Sicht präsentiert. Als **Leser** erhalten Sie neben Informationen über ein Ereignis zwangsläufig eine Bewertung dieses Sachverhalts durch den Autor. Ein kritischer Leser ist sich dessen bewußt, daß die Informationen aufgrund verschiedener Faktoren gerade so und nicht anders dargestellt sind. Einige dieser Faktoren sind bei jedem Text zu beachten:

Die zeitliche Darstellungsperspektive: Ist der Text vor einem Geschehen geschrieben (z. B. Wahlrede, Prognose), zur Zeit des Vorgangs (z. B. Bericht in einer Tageszeitung, politische Rede), nach einem Ereignis (z. B. Ausschnitt aus einem Sachbuch, Kritik)?

▶ (a) Inwiefern macht es einen Unterschied, ob ein Text vor, gleichzeitig mit oder nach einem Geschehen verfaßt wurde?
(b) Nennen Sie weitere Beispiele für die drei Perspektiven.
(c) Unter welcher zeitlichen Darstellungsperspektive ist der vorliegende Text geschrieben? Belegen Sie Ihre Einschätzung mit dem Text und mittels der Quellenangaben im **Anhang I.**

Die Textsorte: Man unterscheidet wissenschaftliche Texte, journalistische Berichte und Kommentare, Reden, Biographien, literarische Texte, Werbetexte, Gesetzestexte u. a.

▶ (a) Inwiefern ist es wichtig, zu wissen, um welche Textsorte es sich bei einer Darstellung handelt?
(b) Welche anderen als die genannten Textsorten gibt es?
(c) Welche Textsorte liegt mit unserem Text vor? Begründen Sie Ihre Meinung anhand des Textes und mit Angaben über die Publikationsform (siehe **Anhang I**).

Die Redeintention: Mit diesem Begriff wird der Zweck bezeichnet, den ein Autor mit seinem Text verfolgt. Die zeitliche Darstellungsperspektive und die Textsorte beeinflussen die Redeintention und werden ihrerseits von ihr beeinflußt. Ein Verfasser kann sein Thema so oder so darlegen, je nachdem ob er informieren, argumentieren, manipulieren will, etc.

▶ (a) Inwiefern wird eine Darstellung durch die Redeintention beeinflußt?
(b) Welche außer den oben genannten Redeintentionen gibt es?
(c) Welche Redeintention läßt sich am vorliegenden Text zeigen?

Für die Feststellung der Redeintention ist es außerdem von Belang, zu erkennen, welche Einstellung der Verfasser zu seinem Thema hat. Das geschieht unter anderem durch die Betrachtung des Sprachgebrauchs. So bezeichnet der Verfasser unseres Textes z. B. die „traditionelle" Ostpolitik als auf *Fiktionen* gegründet. Denkbar ist, daß ein anderer Autor dieselbe Politik als auf *Realitäten* basierend schildern könnte. Zu welchem Zweck würde dieser andere Autor das Wort *Realitäten* wählen, und mit welcher Redeintention spricht unser Verfasser von *Fiktionen*? Die genaue Bedeutung von Wörtern und Begriffen zu klären, ist nicht nur aus „rein sprachlichem" Interesse sinnvoll, sondern zum völligen Erfassen von Textinhalt und Darstellungsweise nötig.

■ **Um einen landeskundlichen Text zu verstehen, sollte man die Art und Weise, wie sein Inhalt vermittelt wird, auf seine Herkunftsbedingungen (zeitliche Darstellungsperspektive, Textsorte, Redeintention) hin kritisch untersuchen.**

Sie haben im Verlauf der zwölf Arbeitsschritte trotz vieler Mühen wenig Inhaltliches erfahren. Unser Text ist Ihnen jetzt vermutlich noch nicht viel klarer als am Anfang. Aber Sie haben etwas sehr Wichtiges für die Arbeit mit diesem Heft kennengelernt: Techniken, die man anwenden sollte, um einen landeskundlichen Text so weit zu erschließen, daß man ihn erfassen und seinen speziellen Inhalt in seinen allgemeineren Kontext einordnen kann.

▶ Fassen Sie bitte deshalb zum Abschluß dieser **Einführung** noch einmal alle zwölf Arbeitsschritte zusammen. Beginnen Sie etwa so: *Um einen landeskundlichen Text zu verstehen, sollte man zuerst . . .* .

Hinweise für den Benutzer

Das Heft **Erfassen und Einordnen** bietet Informationen zu einigen Bereichen des Lebens in der Bundesrepublik Deutschland und zu den historisch-politischen Entwicklungsphasen dieses Staates. Die ausgewählten **Inhalte** können nicht repräsentativ sein, wohl aber exemplarisch. Daraus ergibt sich die Notwendigkeit, Arbeitstechniken zu erwerben, die sich bei jeder landeskundlich orientierten Äußerung (Zeitung, Nachrichten, Diskussion etc.) nutzbringend anwenden lassen.
Die in diesem Heft verfolgten **inhaltlichen Ziele** liegen in der Vermittlung von Informationen über Lebensbereiche in der Bundesrepublik Deutschland und über die Entwicklung dieses Staates sowie im Aufzeigen von bestehenden Zusammenhängen. Als **methodisches Ziel** gilt die Vermittlung von Fähigkeiten und Fertigkeiten, relevante Informationen aus Texten zu erschließen, Inhalte zu erfassen und diese strukturiert in bestimmte landeskundliche Zusammenhänge einzuordnen. Wenn es ein Ziel des Fremdsprachenlerners ist, ein kompetenter Sprecher zu werden, so fördert die Beschäftigung mit Landeskunde seine Kompetenz der sozialen Orientierung im Hinblick auf das Land der Zielsprache.

Die **Lerner** sollten auf jeden Fall Kenntnisse der wissenschaftsbezogenen Standardsprache haben. Dieses Heft wendet sich aufgrund seiner Thematik an Erwachsene, die sich für das Zeitgeschehen und dessen historische Hintergründe in diesem Land interessieren. Lerner im Inland (hier: in der Bundesrepublik Deutschland) genießen zweifellos gewisse Vorteile, doch ist das Heft seiner Anlage nach ebenso im Ausland (hier: außerhalb der Bundesrepublik Deutschland) verwendbar. Lernergruppen mit Lehrendem scheinen in bestimmten Aufgaben besonders angesprochen, dennoch sind auch diese für Selbstlerner lösbar.

Dieses Heft enthält acht **Arbeitseinheiten,** über deren Themen das Inhaltsverzeichnis informiert.

Ein wesentlicher Bestandteil des Heftes ist außerdem der zweiteilige **Anhang:** Der **Anhang I: Quellennachweis** dient dazu, die Herkunftsbedingungen der Texte festzustellen. Im **Anhang II: Nachschlagewerke und weiterführende Literatur** sind mit den Buchstaben (A) bis (Z) versehene Titel aufgeführt, die für die Bearbeitung verschiedener Aufgaben dieses Heftes geeignet sind. Selbstverständlich können die dort vorgeschlagenen Werke durch andere, ähnliche ausgetauscht werden.

Der **Lösungsteil** bietet im wesentlichen nur zu den **Aufgaben zur Texterschließung des Ausgangstextes** aus der Fülle möglicher Lösungen eine denkbare, ziemlich kompakte Version an. Diese Lösungsangebote sind (zumindest in exemplarischem Sinne) als Hinweise für Bearbeitungsmöglichkeiten auch anderer Aufgaben zu verstehen.

Die **Aufteilung der Arbeitseinheiten** folgt stets in etwa demselben Schema, hoffentlich ohne monoton zu wirken.

- Der Benutzer sollte die Angaben der **Lernziele** genau zur Kenntnis nehmen, um zu wissen, worauf es in der betreffenden Arbeitseinheit inhaltlich und methodisch ankommt.
- Der **Orientierungsteil** nennt stichwortartig Daten, Ereignisse, Zahlen etc., die bundes- und weltpolitisch in dem jeweils behandelten Zeitraum relevant sind. Die Stichwörter sind nicht mit Erklärungen versehen; sie werden entweder in einer Arbeitseinheit erläutert oder sind leicht in einem der angegebenen Nachschlagewerke (vgl. **Anhang II**) aufzufinden.
- Der **Ausgangstext** behandelt das Schwerpunktthema einer jeden Arbeitseinheit. Er ist authentisch; auf gelegentliche Änderungen ist hingewiesen. Das Wortmaterial wurde nicht vereinfacht. Daher schließen sich an den Ausgangstext **Worterklärungen** an, und zwar vorwiegend dann, wenn ein Ausdruck in dem spezifischen Kontext eine besondere Bedeutung hat.
- Die **Aufgaben zum Leseverständnis des Ausgangstextes** sind eng am Text zu bearbeiten. Sie bezwecken noch keinen landeskundlich vertiefenden Einblick in das Thema des Textes und der Arbeitseinheit, sondern sind als erster Einstieg gedacht.

- Die **Aufgaben zur Texterschließung des Ausgangstextes** bilden das Zentrum einer jeden Arbeitseinheit. Sie erfordern viel Selbständigkeit, Gründlichkeit und Flexibilität im Beschaffen, Verarbeiten und Verbinden von Informationen, die für das Verständnis des Texthintergrundes und damit für das Erfassen und Einordnen des Textinhalts erforderlich sind. Die Aufgaben enthalten Hinweise auf Nachschlagewerke, die im **Anhang II** aufgeführt sind und Zusatzinformationen liefern, und auf die Quellenangaben im **Anhang I,** die zur Ermittlung der Herkunftsbedingungen eines Textes dienen. Mit Hilfe dieser weiteren Arbeitsmittel kann die Texterschließungsaufgabe je nach Zeit und Engagement sehr ausführlich oder relativ knapp durchgeführt werden. Sinn des Hinzuziehens anderer Quellen ist es, die Gefahr eines oberflächlichen Drum-Herum-Redens zu mindern.
- Die – ebenfalls authentischen – **Zusatztexte** und **Zusatzmaterialien** behandeln einige Aspekte zum Thema der jeweiligen Arbeitseinheit, die von den Ausgangstexten nicht oder nicht ausführlich angeboten werden. Auch ihnen sind **Worterklärungen** angeschlossen.
- Die **Bearbeitungshinweise zum Zusatztext** sind von verschiedenster Art: Diskussion (für Selbstlerner schriftlich), Kurzreferat (dazu: Hinweise im **Anhang II**), Umformulieren von Textinhalten zu Reden, Nachrichten etc. stehen neben der Beantwortung von Fragen. Wesentlich sind auch die Aufforderungen, Verhältnisse in der Bundesrepublik Deutschland mit denen im Herkunftsland der Lerner zu vergleichen.
- Die **Aufgaben zum Textvergleich** sind kapitelintern durchzuführen. In ihnen werden thematische Gemeinsamkeiten der Ausgangs- und Zusatztexte festgestellt und zueinander in Beziehung gesetzt.
- Die **Aufgaben zum kapitelübergreifenden Themenvergleich** erfordern eine gute Orientierung in den jeweils vorangegangenen Arbeitseinheiten. Sie bringen bereits behandelte Textauszüge und Teilthemen in einen neuen thematischen Zusammenhang. Häufig liegen genaue Stellenangaben (Arbeitseinheit, Text, Zeile) für bestimmte Passagen vor, die in den Texten aufzusuchen sind.
- Eine **Lernerfolgskontrolle** erscheint nur in jeder zweiten Arbeitseinheit und ist, da in ihr Gelerntes abgefragt wird, ohne Hilfsmittel zu lösen.

Wie Sie sehen, verlangt **Erfassen und Einordnen** allerhand Mühen. Wir hoffen aber, daß der Umgang mit diesem Gegenstand Sie genauso anregt wie uns.

Liste verwendeter Abkürzungen

1. In den Texten, Arbeitsanweisungen und im Anhang dieses Heftes werden als Abkürzungen verwendet:

a.a.O.	– am angegebenen Ort (bei Quellenangaben)
bzw.	– beziehungsweise
d. h.	– das heißt
etc.	– et cetera
f.	– und folgende Seite/Zeile (hinter Stellenangaben)
ff.	– und folgende Seiten/Zeilen (hinter Stellenangaben)
ibid.	– ibidem (bei Quellenangaben: derselbe Verfasser und Ort)
Jh.	– Jahrhundert
s.	– siehe
u. a.	– (vorangestellt) unter anderm; (nachgestellt) und andere
usw.	– und so weiter
vgl.	– vergleiche
z. B.	– zum Beispiel
z. T.	– zum Teil
./.	– in Worterklärungen Zeichen für „kein Plural"

2. Die Monatsangaben in den Orientierungsteilen sind zum großen Teil abgekürzt: *Jan.* = Januar, *Feb.* = Februar etc.

3. In der Umgangssprache und – wie Sie in diesem Heft feststellen können – auch in einigen authentischen Texten wird statt **Bundesrepublik Deutschland** häufig auch die Abkürzung **BRD** verwendet. Wir mußten uns in diesem Heft an einen Beschluß der Ständigen Konferenz der Kultusminister vom 12. 2. 1981 halten und daher auf diese Kürzung verzichten.

4. Für **Bundesrepublik Deutschland** wird in diesem Heft auch **Bundesrepublik** verwendet; für **Deutsche Demokratische Republik** auch **DDR.**

5. Als Symbole werden verwendet
   - ■ zur Hervorhebung eines methodischen Arbeitsschrittes im Einführungskapitel,
   - ● zur Untergliederung von Lernzielen,
   - ▶ zur Kennzeichnung einer besonders wichtigen Arbeitsanweisung.

Arbeitseinheit 1

Zum Wohnungs- und Städtebau in der Bundesrepublik Deutschland

Inhaltliche Lernziele:

- Aus den Texten Informationen zum Thema „Wohnproblematik in der Bundesrepublik Deutschland“ aufnehmen.
- Aus den Texten und aus anderen Quellen Informationen zum Zeitgeschehen von 1945 bis 1949 erarbeiten.

Methodische Lernziele:

- Techniken der Texterschließung erkennen.
- Möglichkeiten der Informationsbeschaffung kennenlernen.
- Textliche und außertextliche Informationen miteinander verbinden.
- Informationen aus verschiedenen Texten zu denselben Themenbereichen vergleichen.

1. **Orientierungsteil**

1945	Feb.	Beschluß zur Westverschiebung Polens (Jalta).
	8. Mai	Deutsche Kapitulation (Dönitz).
	Juni	Aufteilung Deutschlands in 4 Besatzungszonen, Berlin: 4 Sektoren. Bildung des Alliierten Kontrollrats.
	2. Aug.	Potsdamer Abkommen: Entnazifizierungen usw.
	Herbst	Beginn stufenweiser Zulassung von Parteien, Gewerkschaften, Arbeitgeber- und Wirtschaftsvereinigungen.
	20. Nov.	Nürnberger Prozesse (bis 1. 10. 46).
1946	Juni	Pariser Außenministerkonferenz: Ost-West-Spannungen.
	Nov./Dez.	Beginn Indochinakrieg.
1947	1. Jan.	Errichtung der Bizone (Großbritannien/USA).
	Juni	Marshall-Plan der USA, UdSSR dagegen. Kalter Krieg.
1948	Juni	Währungsreform, Berlin-Blockade, Luftbrücke.
	1. Sep.	Parlamentarischer Rat in Bonn.

1949	Apr.	Trizone im Westen (Großbritannien/USA/Frankreich). Gründung der NATO.
	23. Mai	Grundgesetz / Gründung der Bundesrepublik Deutschland.
	14. Aug.	Wahlen: SPD 29,2%, CDU 25,2%, LPD 11,9%, CSU 5,8%, KPD 5,7%
	Sep.	Bundespräsident Heuss. Bundeskanzler Adenauer (CDU).
	7. Okt.	Gründung der Deutschen Demokratischen Republik. Ministerpräsident Grotewohl.
	Okt.	Bundesdeutsche Gewerkschaften bilden DGB.

2. Ausgangstext

Nach dem 2. Weltkrieg war es das Hauptziel Hamburgs, wie auch sonst in den Westzonen, die Produktionsstätten wieder in Betrieb zu nehmen. Die Beseitigung der katastrophalen Wohnverhältnisse – über die Hälfte des Wohnraums Hamburgs war zerstört und die Bevölkerung nahm durch Rückkehr vom Land und durch Kriegsheimkehrer ständig zu – war eine Voraussetzung für die Aufnahme der Produktion. Die Menschen wohnten in den Randbezirken der Stadt, mußten also in die Nähe der Hauptarbeitsstätten im Hafen und im Zentrum zurückgeholt werden.

Die enge Verbindung des wirtschaftlichen Wiederaufbaus und der Verbesserung der Wohnverhältnisse verdeutlicht folgender Auszug eines amtlichen Berichts der Baubehörde Hamburg: „Hamburg lebt mit seinem Hafen. Die zweckmäßige und gesunde Nähe von Wohnstätten zum Hafen ist die erste und primitivste Forderung, die Hamburg an sein Stadtgebilde stellen muß. (...)“

Die eigentliche Rekonstruktion der Wirtschaft in den drei Westzonen Deutschlands begann mit der Aufhebung der Produktionsbeschränkungen und Demontagen sowie dem Wirksamwerden der Marshall-Plan-Gelder. Nach großen Mängeln, die sich infolge der Rohstoffknappheit vor allem auf dem Baumaterialiensektor auswirkten, wurde mit veränderter Politik der Alliierten (Bündnisstrategie) die industrielle Produktion und damit die Verbesserung der Wohnraumversorgung forciert. Die Einführung des ‚sozialen‘ Wohnungsbaus zur Behebung der Misere auf dem Wohnungsmarkt wurde durchgesetzt. (...)

In der Begründung zum ersten Wohnungsbaugesetz heißt es:

> „Nach der Regierungserklärung des Bundeskanzlers vom 20. September 1949 ist es der feste Wille der Bundesregierung, die Verhältnisse auf dem Wohnungsgebiet, die die soziale und ethische Gesundung des deutschen Volkes unmöglich und die auch das Leben der Vertriebenen und Ausgebombten so unendlich schwer machen, mit ganzer Kraft einer Besserung entgegenzuführen. Durch die Inangriffnahme dieses Problems wird gleichzeitig eine Reihe brennender wirtschaftlicher Probleme lösbar. (...)“

Das neue Konzept fügte sich nahtlos in die ‚soziale Marktwirtschaft‘ ein, den Begriff, der für die Restauration der kapitalistischen Produktionsverhältnisse angewendet wurde. Es brachte zugleich die Verlagerung des Schwerpunktes von der Förderung der Bau- und Wohnungsproduktion zur Wirtschaftsförderung, wie die folgende Tabelle zeigt:

Investitionskredite (in 1000 RM oder DM) der Hamburgischen Landesbank

Jahr	Baukredite	Wirtschaftskredite	
1946	RM 3594	RM 931	Außerdem 1949
1947	RM 1934	RM 1900	DM 3090 Wirtschaftskre-
1948	RM 334	RM —	dite aus Mitteln des Amts
	DM 3911	DM 4478	für Wirtschaft
bis Mai 1949	DM 1303	DM 3229	

Quelle: Lüth, E., Drei Jahre Arbeit für den Wiederaufbau der Freien und Hansestadt Hamburg, ohne Erscheinungsjahr, S. 24

An die Erstellung von Neubauten in größerem Umfang oder die Ausdehnung des Stadtgebietes war auch in Hamburg nach Kriegsende zunächst nicht zu denken. Man befaßte sich vorläufig damit, ausgebrannte oder teilweise zerstörte Gebäude, Infrastruktureinrichtungen usw. wiederherzustellen. Der Bebauungsplan von 1947 hatte allerdings noch den ‚Aufbau der Stadt' als Ziel, d. h. man wollte versuchen, alte Fehler bei der Neuplanung nicht zu wiederholen. Geplant war: Zusammenlegung Hamburgs großer Industriestätten in möglichst geschlossenen, verkehrsgünstig gelegenen Gebieten, Zusammenschließung der Gewerbebetriebe in Gewerbehöfen und Verteilung dieser auf Wohngebiete zur Vermeidung langer Arbeitswege, Auflockerung der Wohnbebauung, Verkürzung der Pendelwege, Einbeziehung von Grünflächen, differenzierte Verkehrsführung u. a.

Eine völlige Neuplanung fand jedoch nicht statt; denn indem man dieselben Infrastruktureinrichtungen benutzte, zerstörte Gebäude an denselben Orten wieder errichtete usw., erfolgte kein neuer planmäßiger ‚Aufbau', sondern ein geordneter Wiederaufbau nach ausschließlich ökonomischen Gesichtspunkten.

Worterklärungen

die Aufnahme, ./. – hier: Beginn; *forcieren* – heftig vorantreiben; *die Misere, -n* – Not, Elend; *die Inangriffnahme, ./.* – Anfang zur Lösung eines Problems; *nahtlos* – hier: ohne Schwierigkeiten; *die Infrastruktur, -en* – alle für die Wirtschaft eines Landes notwendigen Einrichtungen und Anlagen (z. B. Straßen).

3. Aufgaben zum Leseverständnis des Ausgangstextes

3.1 ▶ Beantworten Sie bitte folgende Fragen zum Textinhalt eng am Text. Beachten Sie die Zeilenangaben. (Lösung S. 111)

(a) Welches Hauptziel hatte Hamburg nach Kriegsende? (Zeile 1f.)
(b) Was mußte man zur Wiederaufnahme der Produktion tun? (Zeile 2ff.)
(c) Wo wohnten die Menschen direkt nach dem Krieg? (Zeile 6)
(d) Wohin sollte die Bevölkerung zurückgebracht werden? (Zeile 6f.)
(e) Was brauchte man zum wirtschaftlichen Wiederaufbau? (Zeile 8f.)
(f) Welche Faktoren führten zur Rekonstruktion der Wirtschaft? (Zeile 14f.)

(g) Wodurch wurde die Wohnraumversorgung gefördert? (Zeile 17 f.)
(h) Warum wollte die Regierung die Situation auf dem Wohnungsmarkt verbessern? (mehrere Gründe, Zeile 22–28)
(i) Wie veränderte sich die finanzielle Förderung? (Zeile 34–40)
(j) Womit beschäftigte man sich unmittelbar nach dem Krieg? (Zeile 45f.)
(k) Welche Ziele strebten die Stadtplaner an? (Zeile 47–53)
(l) Wie fand der Aufbau in Hamburg tatsächlich statt? (Zeile 54 ff.)

3.2 ▶ Stellen Sie bitte fest, welche Bedeutung die im Ausgangstext benutzten Begriffe haben: (Lösung S. 111)

- *Westzonen*
- *Demontagen*
- *Marshall-Plan*
- *die Alliierten*
- *der soziale Wohnungsbau*
- *die soziale Marktwirtschaft.*

Benutzen Sie hierzu (1) Ihre Vorinformationen, (2) den Textzusammenhang, (3) Wörterbücher und andere Nachschlagewerke (s. **Anhang II:** A, B, F, G, K oder L).

4. Aufgaben zur Texterschließung des Ausgangstextes

▶ Die folgenden Aufgaben sollen Ihnen helfen, den Inhalt des Ausgangstextes in seinen historischen und geographischen, wirtschaftlichen und politischen Aspekten zu erfassen. (Lösung S. 111ff.)

4.1 Zum historischen Aspekt

4.1.1 Suchen Sie die Zeitangaben aus dem Ausgangstext heraus und bestimmen Sie den behandelten Zeitraum möglichst genau.

4.1.2 Erläutern Sie in einem kurzen Text die Daten und Ereignisse, die für die betreffende Zeit deutschland- und weltpolitisch sehr wichtig sind. Ziehen Sie dazu den Orientierungsteil und Hilfsmittel wie im **Anhang II:** F, K, L, U heran.

4.2 Zum geographischen Aspekt

4.2.1 Vergegenwärtigen Sie sich noch einmal, für welche Region Deutschlands das Thema *Wohnproblematik* im Ausgangstext behandelt wird.

4.2.2 Beschreiben Sie das vom Ausgangstext besprochene Gebiet nach seinen *geographischen, historischen* und *politischen Merkmalen.* Benutzen Sie dabei außer dem Ausgangstext Ihr Vorwissen, einen Atlas, Nachschlagewerke (s. **Anhang II:** I, J, M).

4.3 Zum wirtschaftlichen Aspekt

4.3.1 Entnehmen Sie dem Ausgangstext bitte Hinweise auf *Wirtschaftszweige* in der betreffenden Region sowie Bedingungen, die für ihr Funktionieren wichtig sind.

4.3.2 Stellen Sie fest, welches *der bedeutendste Wirtschaftsfaktor* des genannten Gebietes ist. Tragen Sie mit Hilfe eines Nachschlagewerkes (s. **Anhang II:** C, I) einige Informationen darüber zusammen.

4.4 Zum politischen Aspekt

4.4.1 Notieren Sie bitte (explizite und implizite) Angaben, die der Ausgangstext zu *politischen Belangen* in der behandelten Zeit macht, wie zu der politischen Situation Deutschlands, wichtigen Daten, der Regierung und ihren Organen, außenpolitischen Beziehungen, innenpolitischen Faktoren.

4.4.2 Formulieren Sie Ihr Vorwissen zu diesen Fragen und informieren Sie sich mit Hilfe des Orientierungsteils und anderer Quellen (s. **Anhang II:** F, K, U, V) weiter.

4.5 ▶ Sie haben sich historische und geographische, wirtschaftliche und politische Informationen erarbeitet. Fassen Sie bitte den Textinhalt und Ihre Ergebnisse zusammen. Beginnen Sie ungefähr so:

Der Text behandelt den Wohnungs- und Städtebau Nachkriegsdeutschlands im Zeitraum von ______ bis ______ am Beispiel der Stadt ______. Zu dieser Zeit gab es ______

Im weiteren sollten Sie folgende Ausdrücke und Begriffe in einer richtigen Reihenfolge inhaltlich sinnvoll in den Zusammenhang einfügen:

Währungsreform – damalige Westzonen – Gründung der Bundesrepublik Deutschland – Bundeskanzler (Name?) – Regierungsparteien – soziale Marktwirtschaft – die Alliierten – Hafen – Wiederaufbau – Infrastruktur – Produktionsbeschränkungen – sozialer Wohnungsbau

4.6 Zu Herkunftsbedingungen

4.6.1 ▶ Äußern Sie sich bitte zu der zeitlichen Darstellungsperspektive und der Textsorte des Ausgangstextes. Benutzen Sie dabei auch die Quellenangaben im **Anhang I.** Stellen Sie außerdem dar, welche möglichen Redeintentionen des Verfassers am Text zu belegen sind.

4.6.2 ▶ Formulieren Sie den Inhalt der Abschnitte Zeile 45–57 so um, wie ihn ein Journalist in einem kritisierenden, warnenden Zeitungskommentar im Jahre 1949 hätte darstellen können.

5. Zusatztext 1

In den letzten fünf Jahren wurden in der Bundesrepublik nahezu drei Millionen neue Wohnungen bezogen. Fast jeder dieser Umzüge zog andere nach sich: eine lautlose Völkerwanderung aus den alten Baugebieten an die Ränder von Städten und Dörfern. (...)

Was eigentlich geht in den großen Städten vor? Überall vollzieht sich bei stagnierender bis sinkender Gesamtbevölkerung eine Umschichtung der Bewohner. Die alten Baugebiete aus der ersten Hälfte dieses Jahrhunderts verlieren alteingesessene, ökonomisch leistungsfähige und politisch aktive Bürger. So ist zum Beispiel in Hannover die Zahl der Einwohner der Innenstadt zwischen 1961 und 1970 um fast ein Viertel zurückgegangen, in München hat jeder achte Bewohner die Innenstadt verlassen. Für Hamburg wird bis zum Jahre 1985 ein Einwohnerschwund um 200000 für möglich gehalten. (...)

„In diesem Prozeß der Ausdünnung überwiegen bei den Zuzügen die Ausländer, die Alleinstehenden und die unteren Einkommensschichten. Bei den Wegzügen sind die Deutschen, die Verheirateten, die Familien mit Kindern und die höheren Einkommensschichten relativ stark beteiligt", heißt es im Stadtentwicklungsplan München, der stellvertretend für viele stehen kann. (...)

Neben Ausländern und Rentnern – mehr als 35 Prozent aller deutschen Haushalte in Altbauwohnungen sind Rentnerhaushalte – stieg der Anteil einer hochmobilen Übergangs- und Durchgangsbevölkerung: Studenten, sonstige in Ausbildung befindliche Personen, junge alleinstehende Berufstätige, kinderlose Ehepaare – insgesamt Gruppen, die sich aufgrund ihrer Lebenssituation in einem Übergangsstadium befinden. (...)

Die Nachfrage nach neuen Wohnungen ist überwiegend „Wechsler-Nachfrage". Dabei verlagert sich die Neubautätigkeit immer weiter in das Umland. Die S-Bahnen, U-Bahnen oder Stadtautobahnen haben Entfernungen schrumpfen lassen. Die Einzugsbereiche der alten Kernstädte haben sich gewaltig vergrößert. Großstadtberuf, großstädtischer Arbeitsplatz und großstädtische Konsumgewohnheiten lassen sich heute immer häufiger mit ländlichem Wohnen verbinden.

6. Bearbeitungshinweise zum Zusatztext 1

6.1 ▶ Beantworten Sie bitte folgende Fragen aus dem Text heraus:

(Lösung S. 114)

(a) Was ist das Thema des Textes?
(b) Welche Gesellschaftsgruppen sind an der Umschichtung der Stadtbevölkerung durch Weg- und Zuzug beteiligt?
(c) Was sind die Folgen der Verlagerung der Neubautätigkeit?
(d) Welche sozialen, politischen, wirtschaftlichen Nachteile entstehen für die Innenstadtgebiete?

6.2 ▶ Diskutieren Sie bitte:

(a) Welche vom Text nicht erwähnten Gründe könnte die Bevölkerungsumschichtung haben?
(b) Was dürften – außer den vom Text genannten – die langfristigen Folgen der Bevölkerungsverschiebungen sein?
(c) Welche Vor- und Nachteile, die der Text nicht nennt, könnten für die Innenstädte einerseits und für die Stadtrandgebiete andererseits entstehen?
(d) Was für Maßnahmen würden Sie als Politiker oder politisch engagierter Bürger ergreifen, um die Innenstädte wieder bewohnbar zu machen?

7. **Zusatztext 2**

Da sind überall sogenannte „Heimstätten" gewachsen, Erzeugnisse eines Wohnungsbaus, den man, nicht ohne grotesken Beigeschmack, als „sozialen" Wohnungsbau bezeichnet; kaum übertreibend darf man von „geplanten Slums" sprechen. Baulücken werden geistlos und rücksichtslos aufgefüllt, Park- und Gartenoasen werden überbaut; die Städtebauordnung scheint mehr an unwichtigen Einzelheiten herumzukommandieren, als sich je einen Gedanken zu machen, worauf eigentlich die Hausbewohner blicken, wenn sie ans Fenster ihrer Wohnung treten, ans Fenster ihrer zu teuer gekauften oder zu abschreckenden Preisen gemieteten Wohnung. Wenn irgendwo die freie Marktwirtschaft versagt hat, dann auf dem Gebiet des Neuaufbaues unserer Städte. Wenn irgendwo mit dem Gebrauch des Wortes „sozial" Schindluder getrieben wurde, so im sogenannten „sozialen Wohnungsbau".

Worterklärung

Schindluder treiben mit – schändlich behandeln

8. **Bearbeitungshinweise zum Zusatztext 2**

8.1 ▶ Stellen Sie mit Hilfe eines Wörterbuches (**Anhang II:** A, B) eine Liste mit zusammengesetzten Wörtern und anderen Ausdrücken auf, in denen das Wort *sozial* vorkommt, z. B. *eine soziale Rolle – die Sozialpolitik* – … . Gliedern Sie Ihre Liste nach solchen Gruppen, in denen *sozial* in der gleichen Bedeutung verwendet wird.

8.2 ▶ Definieren Sie den Begriff *sozialer Wohnungsbau* mittels eines Wörterbuches (z. B. **Anhang II:** A).

8.3 ▶ Stellen Sie im Zusatztext 2 fest, wie der Verfasser über den *„sozialen Wohnungsbau"* denkt.

8.4 ▶ Diskutieren Sie bitte über die Vorzüge und möglichen Probleme des *sozialen Wohnungsbaus.*

8.5 ▶ Gibt es vergleichbare Einrichtungen wie den *sozialen Wohnungsbau* in Ihrem Land? Beschreiben Sie die dortigen Leistungen und Probleme des Wohnungsbaus.

9. **Aufgaben zum Textvergleich**

9.1 ▶ Zur Vorbereitung: Fassen Sie bitte die drei Texte dieser Arbeitseinheit jeweils mit eigenen Worten kurz zusammen.

9.2 ▶ Die Texte unterscheiden sich hinsichtlich ihrer Textsorten und Verfasser. Suchen Sie bitte aus dem **Anhang I** Angaben zu den Quellen heraus und beziehen Sie sie auf die Texte.

9.3 ▶ Die drei Texte beschäftigen sich auf verschiedene Weise mit dem Thema dieser Arbeitseinheit. Welche zeitlichen Darstellungsperspektiven liegen jeweils vor? Welches Zeitverhältnis zwischen den behandelten Situationen läßt sich feststellen? Wie hat sich die Wohnsituation – in welcher Zeit – verändert?

9.4 ▶ Der Ausgangstext, Zusatztext 1 und 2 behandeln ihre gemeinsamen Teilthemen unterschiedlich. Hier einige Fragen: (Lösung S. 114)

9.4.1 **Zum Neubau von Wohnungen nach dem 2. Weltkrieg**

(a) Warum wurde nach 1945 gebaut? (Ausgangstext) – Warum wurde in den 70er Jahren gebaut? (Zusatztext 1)

(b) Wo baute man direkt nach dem Krieg? (Ausgangstext) – Wo entstehen Wohnungen rund 30 Jahre später? (Zusatztext 1 und 2)

(c) Wie wurde nach Kriegsende gebaut? (Ausgangstext) – Wie baut man in der Gegenwart? (Zusatztext 2)

9.4.2 **Zu Sozialstrukturen der Großstadtbevölkerung**

(a) Welche Bevölkerungsgruppen nennen der Ausgangstext und Zusatztext 1?

(b) Wie werden diese Gruppen in den Texten charakterisiert?

(c) Welche politische, wirtschaftliche, soziologische Bedeutung hatten/haben diese Bevölkerungsgruppen?

9.4.3 **Zu Lebensbedingungen von Stadtbewohnern**

(a) In welcher wirtschaftlichen Situation befanden sich die Stadtbewohner nach 1945 (Arbeit, Wohnung etc.)? (Ausgangstext)

(b) Wie sind die materiellen Lebensbedingungen verschiedener Gruppen von Städtern im Zusatztext 1 beschrieben?

(c) Was äußert Zusatztext 2 zu Existenzbedingungen in der Stadt?

9.5 ▶ Betrachten Sie bitte die Zeichnung auf der gegenüberliegenden Seite:

Wie würde Ihrer Einschätzung nach ein Ausgebombter nach 1945 (Ausgangstext), ein Stadtrandbewohner (Zusatztext 1), ein Inhaber einer Sozial-, Miet- oder Eigentumswohnung (Zusatztext 2) darauf reagieren?

in: Stern 44, 25. Oktober 1979

Arbeitseinheit 2

Zu Institutionen in der Bundesrepublik Deutschland

Inhaltliche Lernziele:

- Informationen der Texte zum Thema „Institutionen in der Bundesrepublik Deutschland", zur staatlichen Grundordnung und ihrem Funktionieren erfassen.
- Informationen über Entstehung und Funktionieren der bundesdeutschen Staatsordnung in der Zeit des beginnenden Aufbaus 1949 bis 1954 aufnehmen.

Methodische Lernziele:

- Zur Texterschließung Informationen außerhalb der Texte beschaffen.
- Text- und Hintergrundinformationen zusammenfügen.
- Informationen aus verschiedenen Texten innerhalb der Arbeitseinheit zu denselben Themenbereichen vergleichen.
- Mit der Arbeitseinheit 1 gemeinsame Themen zueinander in Beziehung setzen.

1. **Orientierungsteil**

1950	Feb.	Einrichtung des Staatssicherheitsdienstes (Deutsche Demokratische Republik).
	25. Juni	Beginn des Korea-Krieges, im Westen „Korea Boom".
	Aug.	Einrichtung des Verfassungsschutzes (Bundesrepublik Deutschland).
	31. Aug.	Innenminister Heinemann kündigt bei Wiederbewaffnung Rücktritt an.
	26. Okt.	Beginn der Wiederbewaffnungsorganisation (Th. Blank).
1951	Apr.	Montanunion-Vertrag: Frankreich, Italien, Benelux, Bundesrepublik Deutschland. Volksbefragung zur Remilitarisierung durch Regierung verboten.
	Juni	Regierung verbietet kommunistische FDJ und Vereinigung der Verfolgten des Nazi-Regimes, Prozeßwelle.
	Nov.	Verbotsantrag der Regierung gegen SRP und KPD.
1952	März	UdSSR zur Deutschlandfrage: Wiedervereinigungsangebot.

1952	26. Mai	Deutschland- und EVG-Vertrag: Bundesrepublik Deutschland souverän.
	10. Sep.	Wiedergutmachungsabkommen Bundesrepublik Deutschland/Israel.
	Okt.	Erste britische Atombombe.
	Nov.	Erste amerikanische H-Bombe.
1953	März	Tod Stalins.
	17. Juni	Aufstand in der Deutschen Demokratischen Republik.
	Juni	Wahlrecht: 5%-Klausel auf Bundesebene.
	6. Sep.	Wahlen: Adenauer wieder Bundeskanzler.
1954	Okt.	Pariser Verträge, Beitritt der Bundesrepublik Deutschland zur WEU.
	1. Nov.	Offizielle Eröffnung des Deutschen Fernsehens (ARD).

2. Ausgangstext

Artikel 20 des Grundgesetzes (GG) umreißt die staatliche Ordnung der Bundesrepublik:

> (1) Die Bundesrepublik Deutschland ist ein demokratischer und sozialer Bundesstaat.
>
> (2) Alle Staatsgewalt geht vom Volke aus. Sie wird vom Volke in Wahlen und Abstimmungen und durch besondere Organe der Gesetzgebung, der vollziehenden Gewalt und der Rechtsprechung ausgeübt.
>
> (3) Die Gesetzgebung ist an die verfassungsmäßige Ordnung, die vollziehende Gewalt und die Rechtsprechung sind an Gesetz und Recht gebunden.

Danach übt das Volk durch Wahlen und Abstimmungen die oberste Herrschaftsgewalt aus. Diese Gewalt wird den Parlamenten übertragen, denen die Gesetzgebung sowie die Unterstützung bzw. Kontrolle der ausführenden Organe (Regierungen, Verwaltungen) als Aufgabe zufällt. Die dritte Gewalt, die Rechtsprechung, überwacht die Einhaltung der Gesetze durch Staatsbürger und Institutionen. Die Übertragung der Herrschaftsgewalt findet gemäß der in Artikel 28 GG festgelegten föderalistischen Ordnung der Bundesrepublik auf der Ebene von Bund, Ländern und Gemeinden statt.

Der politische Aufbau der Bundesrepublik wird damit von den Prinzipien der Gewaltenteilung, der Bundesstaatlichkeit und der kommunalen Selbstverwaltung geprägt.

Im Vorfeld der vom Grundgesetz bestimmten Institutionen liegt der Wirkungsbereich der politischen Parteien, deren zentrale Rolle Artikel 21 GG unterstreicht:

> Die Parteien wirken bei der politischen Willensbildung des Volkes mit. Ihre Gründung ist frei. Ihre innere Ordnung muß demokratischen Grundsätzen entsprechen.

Die Parteien übernehmen damit zum wesentlichen Teil die Bündelung der breit aufgefächerten politischen Interessen, um sie in die vom Grundgesetz vorgesehenen institutionellen Bahnen zu lenken.

Die Vielzahl von Interessenverbänden, die neben den Parteien an der Willensbildung beteiligt sind, werden zwar vom Grundgesetz in Artikel 9 ausdrücklich genannt, ihr Einfluß auf die Staatsorgane tritt dort aber nicht in Erscheinung.

Worterklärungen

föderalistisch – bundesstaatlich; *auf der Ebene von* – im Bereich von; *im Vorfeld von* – am Rande von, nicht direkt dazugehörend; *die Bündelung, -en* – das Zusammenfassen und Kanalisieren.

3. Aufgaben zum Leseverständnis des Ausgangstextes

3.1 ▶ Beantworten Sie bitte folgende Fragen.

(a) Wie wird die Bundesrepublik Deutschland in Artikel 20 GG beschrieben? (Zeile 3f.)
(b) Von wem und durch welche Institutionen wird die Staatsgewalt ausgeübt? (Zeile 5ff.)
(c) Woran ist die Legislative gebunden? (Zeile 8)
(d) Wem sind Exekutive und Jurisdiktion verpflichtet? (Zeile 9f.)
(e) Wie übt das Volk die Herrschaftsgewalt aus? (Zeile 11f.)
(f) Welche Funktionen haben die Parlamente? (Zeile 12ff.)
(g) Welche Aufgaben hat die Rechtsprechung? (Zeile 14f.)
(h) Was ist in Artikel 28 GG festgelegt? (Zeile 16ff.)
(i) Nach welchen Grundsätzen ist die Bundesrepublik Deutschland aufgebaut? (Zeile 19f.)
(j) Welche Rolle wird den Parteien zugeschrieben? (Zeile 24ff. und 27ff.)
(k) Welche Bedingungen müssen die Parteien erfüllen? (Zeile 25f.)
(l) Was wird über die Wirkungsweise von Interessenverbänden gesagt? (Zeile 30f.)
(m) Wie äußert sich das GG zum Einfluß von Interessenverbänden? (Zeile 31ff.)

3.2 ▶ Geben Sie mit eigenen Worten wieder, was der Text zu folgenden Stichwörtern an Informationen enthält.
Gewaltenteilung – Föderalismus – Volk – Parteien – Verbände

4. Aufgaben zur Texterschließung des Ausgangstextes

▶ In dem folgenden Übungsteil sollen Sie Hintergrundinformationen zur Entstehung des Grundgesetzes erarbeiten. Sie benötigen dazu historische, geographische, politische und institutionelle Informationen. Überlegen Sie zunächst, wo man solche Auskünfte bekommen kann. (Lösung S. 114ff.)

4.1 ▶ Zum historischen Aspekt

4.1.1 Tragen Sie Daten und Informationen über die Entstehungszeit des GG zusammen.

4.1.2 Geben Sie in einem kurzen Text Hinweise auf die Zeit, die dem Kriegsende vorausgegangen war, den Faschismus (**Anhang II**: F, K).

4.2 ▶ Zum geographischen Aspekt

4.2.1 Vergegenwärtigen Sie sich die geographischen Merkmale der Bundesrepublik Deutschland.

4.2.2 Stellen Sie Grenzverläufe u. ä. in Mitteleuropa vor und nach 1945 fest. (Atlas; **Anhang II**: C).

4.3 ▶ Zum politischen Aspekt

4.3.1 Informieren Sie sich über die politischen Institutionen und Kräfte in Westdeutschland zur Zeit der Ausarbeitung des Grundgesetzes (s. **Anhang II**: F, K, U).

4.3.2 Beschreiben Sie das Verhältnis Westdeutschlands zu den Alliierten und zu Ostdeutschland (s. **Anhang II**: S, T).

4.4 ▶ Zum institutionellen Aspekt

4.4.1 Erkundigen Sie sich unter Berücksichtigung des Ausgangstextes nach den wesentlichen Strukturmerkmalen der Verfassung der Bundesrepublik Deutschland (s. **Anhang II**: F, G, R).

4.4.2 Machen Sie sich deutlich, welcher Art die Verfassung war, die vom GG abgelöst wurde (s. **Anhang II**: C, D, F).

4.5 ▶ Sie haben sich historische, geographische, politische und institutionelle Informationen erarbeitet. Fassen Sie nun den Ausgangstext unter Einbezug Ihrer Ergebnisse zu **einem** Text zusammen. Beginnen Sie etwa so:

> *Das Grundgesetz ist die ursprünglich provisorische ... der Bundesrepublik Deutschland. Es wurde im Jahre ... vom ... geschaffen und löste die ... Verfassung von ... ab, die formal auch während des ... nicht außer Kraft gesetzt worden war.*

Benutzen Sie für Ihren Text folgende Wörter und Begriffe in sinnvoller Reihenfolge: *Bundesstaat – Bundestagswahlen – Staatsgewalt – Volk – Gewaltenteilung – Parteien – Artikel 20 GG – Interessenverbände – Ebene von Bund, Ländern und Gemeinden.*

4.6 ▶ Zu Herkunftsbedingungen

4.6.1 Legen Sie bitte am Ausgangstext und unter Hinzuziehung der Quellenangaben im **Anhang I** Textsorte und Redeintention dar. Beachten Sie dabei, in welcher Art von Publikation der Ausgangstext herausgegeben wurde.

4.6.2 Formulieren Sie einen denkbaren Radionachrichtentext für den 23. Mai 1949 und einen für den 23. Mai 1979.

5. **Zusatztext 1**

Im Vorfeld der staatlichen Institutionen gewinnen Interessenverbände zunehmend politische Bedeutung. Die wirksame Ausübung von Verbandseinfluß ist an bestimmte Kriterien geknüpft: Der Kegelverein einer Kleinstadt hat nicht das gleiche Stimmgewicht wie die Bundesvereinigung Deutscher Arbeitgeberverbände (BDA) oder der Deutsche Gewerkschaftsbund (DGB). Die Vielzahl der Verbände in der Bundesrepublik läßt vermuten, daß die Ziele von Interessenverbänden breit aufgefächert sind, wobei Widersprüche in den Zielsetzungen zum Charakter des Verbandswesens gehören: DGB und BDA sind Verbände gegensätzlicher Interessenlagen. (...)

Die Masse der Verbände läßt sich vier Hauptgruppen zuordnen:

1. Vereinigungen im Wirtschafts- und Arbeitsbereich, also Arbeitnehmer- und Arbeitgeberorganisationen (Gewerkschaften und Unternehmerverbände), sowie alle weiteren am Berufsfeld orientierten Zusammenschlüsse (Innungen und Berufsvereinigungen).
2. Verbände mit sozialer Zielsetzung, die Hilfeleistungen bzw. Unterstützungen anbieten (Rotes Kreuz, Heilsarmee usw.).
3. Die zahlenmäßig umfangreichste Gruppe der Freizeitvereinigungen aller Art, die bestimmt sind von der gemeinsamen Pflege von Sport, Musik, Geselligkeit usw., aber auch von einem Dienstleistungsangebot (z. B. ADAC).
4. Ideelle, an Wertvorstellungen orientierte Vereinigungen im Bereich von Kultur, Religion, Wissenschaft und Politik (Kirche, Literaturzirkel usw.).

Interessenverbände haben zahlreiche Möglichkeiten, politischen Einfluß auszuüben. Dabei besitzt nicht jeder Verband das gleiche Stimmengewicht. Näher eingrenzen läßt sich die Macht eines Verbandes durch Merkmale wie: Anzahl der organisierten Mitglieder, Finanzkraft, Belastbarkeit und Stabilität. Im Hinblick auf Wahlen oder den Einfluß auf die Ministerialbürokratie treten als politisch relevant noch hinzu: Zugang zu oder Verfügung über Massenkommunikationsmittel, Verbindung zu einer oder mehreren Parteien, Qualität des Kontaktes zur Regierung oder der Ministerialbürokratie, Verfügung über Unterlagen oder Spezialwissen von Bedeutung.

Worterklärungen

verknüpft sein mit – hier: abhängen von; *breit aufgefächert* – sehr vielfältig; *die Innung, -en* – Vereinigung selbständiger Handwerker; *die Unterlage, -n* – Dokument und ähnliches Material.

6. Bearbeitungshinweise zum Zusatztext 1

6.1 ▶ Beantworten Sie folgende Fragen auf der Grundlage von Zusatztext 1.

6.1.1 Was bedeutet der Begriff *Verband*?

6.1.2 Welche Unterschiede bestehen zwischen den vier Gruppen von Verbänden?

6.1.3 Unter welchen Bedingungen kann ein Verband großen (politischen) Einfluß ausüben?

6.2 ▶ Fertigen Sie Kurzreferate an zu den Themen:

6.2.1 **Kirchen in der Bundesrepublik Deutschland** (s. **Anhang II**: F, G, I, J): Verhältnis zwischen Kirchen und Staat; Organisationsformen der evangelischen und katholischen Kirche. (Lösung S. 119)

6.2.2 **Sportvereinigungen in der Bundesrepublik Deutschland** (s. **Anhang II**: F, I, J): repräsentierte Sportarten; Organisationsform und Mitgliederzahlen.

6.3 ▶ Bearbeiten Sie bitte folgende Aufgaben. (Gruppenarbeit)

6.3.1 Ergänzen Sie je eine der vier genannten Hauptgruppen von Verbänden in der Bundesrepublik Deutschland durch weitere Vereinigungen, die Sie aus Zeitungen, offiziellen Publikationen, Sachbüchern, Funk oder persönlicher Erfahrung kennen (s. auch **Anhang II**: G, I, J).

6.3.2 Tragen Sie Ihre Ergebnisse vor; begründen Sie Ihre Entscheidungen.

7. Zusatztext 2

Bei der Rechtsprechung der Arbeitsgerichte zu Artikel 9 GG hatte sich schon seit längerem die Auffassung durchgesetzt, daß das Recht auf den Arbeitskampf nur den nach dem Tarifvertragsgesetz tariffähigen Vereinigungen zustehe. (Bei den Arbeitgebern kann dies allerdings auch ein einzelnes Unternehmen sein.) Auf der Seite der Arbeitnehmer steht das Recht also nur den Gewerkschaften zu, für die die Rechtsprechung weitgehende Begrenzungen festlegte, sowohl bezüglich der Ziele des Arbeitskampfes wie bezüglich der Prozeduren und Fristen, die vor einem Arbeitskampf einzuhalten sind.

Eine weitere Begrenzung des Streikrechts ist auch die Zulassung der aggressiven oder Sympathie-Aussperrung durch den Beschluß des Großen Senats des Bundesarbeitsgerichts vom 28. Januar 1955 (BAG 1, 292ff.). Es handelt sich dabei um die Aussperrung von Arbeitern nicht bestreikter Betriebe, die vom Arbeitgeberverband verfügt wird, um den Streikwillen anderer, bestreikter Betriebe zu brechen und deren Streikziele zu vereiteln. Diese Massenaussperrungen beschränken nicht nur das Streikrecht der Gewerkschaft, sondern sie verletzen in hohem Maße die Menschenwürde der Ausgesperrten, die als bloßes Kampfmittel gegen die streikenden Arbeiter eingesetzt werden. Der angeführte Beschluß des Großen Senats hat, um den Zweck der Brechung des Streikwillens wirksamer zu erreichen, der Aussperrung der Arbeiter des nicht streikenden Betriebes eine stärkere Wirkung verliehen als dem Streik, der das Arbeitsverhältnis nur suspendiert. Die Aussperrung dagegen soll das Arbeitsverhältnis endgültig aufheben, ohne Rechtsanspruch auf Wiedereinstellung. Das Bundesarbeitsgericht hat dies unter anderem mit dem Recht des Arbeitgebers auf freie Entfaltung der Persönlichkeit nach Artikel 2 GG begründet, was nicht nur falsch, sondern geradezu mißbräuchlich und skandalös ist. Von diesem Punkt ist das Bundesarbeitsgericht durch einen neuerlichen Beschluß des Großen Senats erst im Jahre 1971 wieder abgegangen. Diese aggressive Aussperrung ist durch den Beschluß vom Jahre 1955 zu einer der wirksamsten und gebräuchlichsten Maßnahmen gegen Streiks geworden.

Worterklärungen

der Tarif, -e – hier: vertraglich/gesetzlich festgelegte Mindesthöhe von Löhnen und Gehältern; *einhalten* – vereinbarungsgemäß erfüllen; *verfügen* – hier: anordnen, bestimmen; *vereiteln* – verhindern, zum Scheitern bringen; *bloß* – hier: nichts weiter als, nichts anderes als; *verleihen* – hier: geben, zusprechen, übertragen; *suspendieren* – zeitweilig/vorübergehend aufheben; *neuerlich* – wiederholt, nochmalig.

8. Bearbeitungshinweise zum Zusatztext 2

8.1 ▶ Führen Sie folgende Aufgaben anhand des Textes durch.

8.1.1 Untersuchen Sie, welche Rechte Gewerkschaften und Arbeitgeberverbänden zustehen.

8.1.2 Stellen Sie dar, welcher der beiden Verbände und damit der beiden Sozialpartner der Mächtigere ist.

8.1.3 Erläutern Sie die genannte Urteilsbegründung. Inwiefern ist sie *geradezu mißbräuchlich und skandalös?*

8.1.4 Diskutieren Sie die Rolle, die die Rechtsprechung der Bundesrepublik Deutschland in dem dargestellten Konflikt gespielt hat.

8.2 ▶ Ziehen Sie zur Lösung der Aufgaben die in den Klammern genannten Hilfsmittel heran.

8.2.1 Nennen Sie Gewerkschaften in der Bundesrepublik. (Wochenzeitungen).

8.2.2 Stellen Sie fest, wie die Dachorganisation der Gewerkschaften heißt. (Orientierungsteil zu Arbeitseinheit 1).

8.2.3 Informieren Sie sich über die Bedeutung des Begriffs *Konzertierte Aktion*. (Nachschlagewerk z. B. **Anhang II**: H, L).

8.2.4 Beschreiben Sie, auf welche Weise Gewerkschaften und Arbeitgeberverbände Einfluß auf das öffentliche Leben in der Bundesrepublik Deutschland nehmen können. (Zusatztext 1 u. a.).

8.3 ▶ Aufgaben zum Vergleich. (Gruppenarbeit)

8.3.1 Schildern Sie die Rolle, die Gewerkschaften und Arbeitgeberverbände in Ihrem Land spielen.

8.3.2 Stellen Sie die Möglichkeiten der dortigen Arbeitnehmer dar, Verbesserungen der Arbeitsverhältnisse durchzusetzen.

8.3.3 Beschreiben Sie, wie vorhandene Möglichkeiten genutzt werden.

8.4 ▶ Aufgaben zur Diskussion.

8.4.1 Debattieren Sie über das Arbeitskampfmittel der Aussperrung.

8.4.2 Welche Verbesserungen des Arbeitslebens halten Sie für vorrangig; für welche Sache sollte man am ehesten kämpfen:
Recht auf Arbeit – Lohn- und Gehaltssteigerungen – Humanisierung der Arbeitswelt – kürzere Arbeitszeit pro Tag – kürzere Arbeitswoche – längeren Jahresurlaub – . . . ?

9. Aufgaben zum Textvergleich

9.1 ▶ Zur Vorbereitung: Fassen Sie bitte die Themen und Aussagen des Ausgangstextes und der Zusatztexte 1 und 2 kurz zusammen.

9.2 ▶ Vergegenwärtigen Sie sich bitte, welche Textsorten und zeitlichen Darstellungsperspektiven bei den drei Texten jeweils vorliegen.

9.3 ▶ Wie stark nehmen die Verfasser zu den behandelten Themen Stellung? Belegen Sie Ihre Einschätzung.

9.4 ▶ Die Texte dieser Arbeitseinheit haben mehrere Themenbereiche gemeinsam. Stellen Sie fest, welche Themenbereiche von zwei oder drei Texten explizit behandelt werden.

Beispiel: *Grundgesetz* explizit

im Ausgangstext, Zeile ____ im Zusatztext 1, Zeile ____ im Zusatztext 2, Zeile ____

„???“

2': in: Der Spiegel 49/78

10. **Aufgaben zum kapitelübergreifenden Themenvergleich**

Der Ausgangstext der Arbeitseinheit 2 behandelt Grundlagen für die staatliche Ordnung der Bundesrepublik Deutschland. Er nennt den Träger der Staatsgewalt sowie vom GG vorgesehene Organe, Organisationsformen und Institutionen, z. B. in Zeile 5, 6, 13, 20.

10.1 ▶ Listen Sie die Begriffe gegliedert auf. Versuchen Sie, ein Schema anzufertigen.

10.2 ▶ Einige Begriffe aus dem Ausgangstext der Arbeitseinheit 1, nämlich aus Zeile 9f., 21, 23, 24, 39f. passen zu dieser Liste. Ordnen Sie die Begriffe aus Arbeitseinheit 1 und Arbeitseinheit 2 einander zu, wie zum Beispiel: ***Vollziehende Gewalt*** *(Arbeitseinheit 2, Zeile 7) korrespondiert mit* ***Bundeskanzler*** *(Arbeitseinheit 1, Zeile 22).*

10.3 ▶ Stellen Sie nun auf der Grundlage der Ausgangstexte Zusammenhänge bzw. Unterschiede zwischen den jeweils zugeordneten Begriffen dar. Entsprechend unserem Beispiel könnte ein Kurztext lauten:

Der ***Bundeskanzler*** *ist das höchste Organ der* ***vollziehenden Gewalt,*** *die durch Regierung und Verwaltungen die vom Parlament verabschiedeten Gesetze ausführt. Der Bundeskanzler bestimmt beispielsweise in seiner Regierungserklärung die Richtlinien der Politik.*

11. Lernerfolgskontrolle

11.1 ▶ Lesen Sie den Lückentext zuerst genau und ergänzen Sie dann die fehlenden Wörter/Zahlen/Begriffe.

Mit der Verkündung des ______ im Mai ______ wurde die ______ als demokratischer und sozialer ______ gegründet. Ihre Verfassung setzt das ______ als Souverän ein und geht von der klassischen Teilung der drei Gewalten in ______, ______ und ______ aus. Mit dem Beginn der finanziellen Hilfe durch den ______ wurde eine massive staatliche Förderung der ______ möglich. Da seit dem Kriegsende (______ ______ 19______) durch die großen Zerstörungen noch immer katastrophale ______ herrschten, kam es der ______ auch darauf an, auf diesem Gebiet zu helfen. Dies geschah durch den ______ Wohnungsbau, der als wichtiges Instrument zur Wiederbelebung der Ökonomie diente. Die damit verbundene Restauration der kapitalistischen Produktionsverhältnisse unter dem Begriff ______ war Grundlage für die Westintegration der Bundesrepublik.

11.2 ▶ Sie kennen Aspekte zur Texterschließung: politisch, sozial, historisch, institutionell, wirtschaftlich. Ordnen Sie diesen aus dem vervollständigten Lückentext je eine Information zu.

11.3 ▶ Ergänzen Sie jede der fünf Informationen um jeweils eine passende Angabe aus den Orientierungsteilen oder Ihren sonstigen Kenntnissen.

Arbeitseinheit 3

Zu Familienstrukturen in der Bundesrepublik Deutschland

Inhaltliche Lernziele:

- Mit Hilfe der Texte Informationen zum Thema „Familienstrukturen in der Bundesrepublik Deutschland“ gewinnen.
- Durch die Texte und durch weitere Materialien Informationen über den wirtschaftlichen Aufschwung 1955 bis 1959 einholen.

Methodische Lernziele:

- Landeskundliche Aspekte von Textinhalten ansatzweise identifizieren.
- Hintergrundinformationen zu den Texten beschaffen und auf die Textinhalte beziehen.
- In verschiedenen Texten innerhalb der Arbeitseinheit ähnliche Themen erkennen.
- Unter Anleitung Querverbindungen zu Themen und Inhalten der vorangegangenen Arbeitseinheiten herstellen.

1. **Orientierungsteil**

1955	Mai	Bundesrepublik Deutschland Mitglied der NATO. Gründung: Warschauer Pakt.
	Sep.	Diplomatische Beziehungen Bundesrepublik Deutschland–UdSSR. Deutsche Demokratische Republik souverän.
	Okt.	Ministerium für Atomfragen in der Bundesrepublik Deutschland.
	Dez.	„Hallstein-Doktrin“.
1956		Deutsche Demokratische Republik beschließt Schaffung der „Nationalen Volksarmee“.
	Feb.	XX. Parteitag der KPdSU.
	Juli	Neue Kämpfe in Vietnam.
	17. Aug.	KPD als verfassungswidrig verboten, Prozesse.
	Okt.	Aufstand in Ungarn, Intervention der UdSSR. Suezkrise.
1957	Jan.	Saarland zur Bundesrepublik Deutschland.
	März	Verträge von Rom (EWG).
	15. Sep.	„Adenauer-Wahlen“, CDU/CSU absolute Mehrheit.
	Okt.	Erster „Sputnik“. Bundesrepublik Deutschland bricht diplomatische Beziehungen zu Jugoslawien ab.

1958	März	Bundestag für Atomwaffenausrüstung der Bundeswehr.
	Apr.	Handelsvertrag Bundesrepublik Deutschland – UdSSR.
	Okt.	Berlin-Ultimatum der UdSSR.
1959		Kubanische Revolution.
	Juli	Lübke Bundespräsident.
	Nov.	Godesberger Programm der SPD.

2. Ausgangstext

Verena D.
Kaufmännische Angestellte

Ich bin ja erst nach'm Krieg geboren, am 2. 3. 1949 in Dortmund. Ich bin jetzt 18 Jahre alt und bin als kaufmännischer Lehrling auf den chemischen Werken beschäftigt, das heißt, ich hab da 2 Jahre lang gelernt und jetzt Ostern meine Lehre abgeschlossen. Seit meinem 4. Lebensjahr leb ich bei meinen Pflegeeltern. Meine Eltern sind geschieden, meine Mutter lebt in der DDR, mein Vater in Frankfurt. Mein Vater is von Beruf Journalist. Meine Mutter hatte neu geheiratet, und mein Stiefvater, den hatte sie hier kennengelernt, er war hier als Student und is dann rübergemacht, der is von Beruf Tierarzt. Und damals war das so, meine Mutter war vorübergehend krank, und da gab sie mich zur Pflege zu meinen Pflegeeltern, und die hatten sich nun inzwischen an mich gewöhnt. Und meine Eltern hatten noch keine Wohnung zu der Zeit, als sie rübermachten, und da blieb ich also vorläufig noch bei meinen Eltern. Das hat sich dann so weit hinausgezögert, daß sie mich dann eben nicht mehr missen konnten.

Die meiste Zeit meiner Kindheit verbrachte ich eigentlich bei meinen Großeltern, bei meinem Opa, bei meiner Oma, hier. Die hatten damals eine große Wohnung und auch einen Garten mit einem Sandkasten, einer Laube und einer Hollywood-Schaukel, die mein Opa selbst alles gezimmert hatte. Da verbrachte ich also den größten Teil meiner Kindheit bei meinen Großeltern. Ich ging praktisch nur abends zum Schlafen nach Hause. Zu der Zeit lebte auch noch meine Mutter bei meinen Großeltern, und ich war eigentlich oft mit ihr zusammen. Aber sie kam mir eigentlich schon damals vor wie eine Tante.

Ich war 2 Jahre, da ham sich meine Eltern scheiden lassen. Ich glaub schon, daß es richtig war, obwohl eigentlich die Kinder immer darunter zu leiden ham. Aber – sie ham eben nich zusammen gepaßt, was sich ja später rausstellte. Ich erinnere mich noch ganz genau, wie meine Mutter ihren Koffer packte, und da hatt ich mir meinen Daumen eingeklemmt, das weiß ich noch ganz genau, das vergeß ich nie. Das war eigentlich die letzte Erinnerung, bevor meine Mutter dann wegfuhr. Ich hab das eigentlich gar nicht so richtig wahrgenommen, ich war damals 4 Jahre alt. Und auch als sie weg war, ich habe nicht irgendwie jemand vermißt oder so, weil ich eben mein Zuhause hatte und wirklich glaubte, das war mein Zuhause. Dann, als ich das erste Mal zu Besuch war mit meinen Pflegeeltern, da hatte ich immer Angst, daß sie nachts heimlich wegfuhren und mich da ließen, ich war so 12 Jahre alt. Aber dann, als ich das zweite Mal allein fuhr, wars ganz anders, da war ich 14, genau weiß ich es nich, 14, 15 vielleicht, da fiels mir schwer, wieder nach Hause zu kommen. Ich merkte plötzlich, daß ich irgendwie nicht mehr zurecht kam zu Hause, das war mir irgendwie alles fremd, und ich fühlte mich plötzlich zu meiner Mutter hingezogen und sprach dann auch mit meinen Eltern dadrüber, und sie fingen an zu schimpfen: ich wär undankbar, und es wär gemein von mir, und wie könnt ich ihnen das nur antun und, und wenn ich jetzt rüberginge undsoweiter undsofort.

Worterklärungen

abschließen – hier: beenden; *rübermachen* – hier: von der Bundesrepublik in die DDR gehen; *jmdn. nicht missen können* – ohne ihn nicht sein wollen; *der Sandkasten, ¨* – mit Sand gefüllter, großer, niedriger Kasten für Kinder zum Spielen; *die Laube, -n* – Holzhäuschen z. B. im Garten; *nicht zurechtkommen* – (große) Schwierigkeiten haben; *die Hollywood-Schaukel, -n* – mit Dach versehene, frei schwingende, bunte Gartenbank.

3. Aufgaben zum Leseverständnis des Ausgangstextes

▶ Durch das Erfragen von Einzelinformationen kann man einen Text genauer verstehen. Bilden Sie daher zu jeder Aussage mit Hilfe eines der angegebenen Fragewörter eine Frage, auf die der *kursiv* gedruckte Satzteil antwortet:
Wer ...? Was ...? Wen ...? Was ...? Bei wem ...? Warum ...? Seit wie vielen ...? Wann und wo ...? Für welchen ...? Wo ...? Wovor ...? Weshalb ...? Was (taten) ...? Was für ...? Wie ...? Wessen ...?

(a) Verena D. wurde *1949 in Dortmund* geboren.
(b) Die 18jährige ist *für den Beruf des Industriekaufmanns* ausgebildet.
(c) Sie lebt *seit vierzehn Jahren* bei ihren Pflegeeltern.
(d) Ihre Mutter lebt *in der DDR,* ihr Vater *in der Bundesrepublik.*
(e) Ihr Vater ist von Beruf *Journalist.*
(f) Als Verena ein Kleinkind war, hatte ihre Mutter *ihren künftigen zweiten Mann* kennengelernt, *einen Studenten der Tiermedizin, der später in die DDR ging.*
(g) *Da ihre Mutter krank war,* gab sie Verena zur Pflege zu ihren späteren Pflegeeltern.
(h) Verena D. war während ihrer Kindheit tagsüber meistens *bei ihren Großeltern.*
(i) Dort wohnte damals auch *ihre Mutter.*
(j) Als Verena zwei Jahre alt war, *ließen* ihre Eltern *sich scheiden.*
(k) Verena D. nahm die Abreise *ihrer Mutter* kaum wahr.
(l) Sie vermißte ihre Eltern nicht, *weil sie sich inzwischen bei ihren Pflegeeltern zu Hause fühlte.*
(m) Während ihres ersten Besuchs bei der Mutter hatte Verena Angst davor, *daß ihre Pflegeeltern heimlich ohne sie zurückführen.*
(n) Bei ihrem zweiten Besuch war Verena D. *etwa 14 Jahre* alt.
(o) *Die Rückkehr nach Hause* fiel ihr schwer.
(p) Sie hatte zu Hause *ein Gefühl der Entfremdung.*

4. Aufgaben zur Texterschließung des Ausgangstextes

Die folgenden Aufgaben sind Übungen zur Technik der Texterschließung, die nicht nur an diesem Text, sondern auch in den folgenden Arbeitseinheiten durchzuführen sind. (Lösung S. 119ff.)

4.1 ▶ In Arbeitseinheit 1 und 2 wurden Texte unter bestimmten, zum Teil wiederkehrenden Aspekten analysiert (vgl. S. 20f. und 28f.). Führen Sie diese Aspekte nochmals in einer Art von Katalog auf:

(a) ______________________________

(b) ______________________________

(c) ______________________________

(d) ______________________________

(e) ______________________________

4.2 ▶ Prüfen Sie, welche Aspekte für diesen Text relevant sind.

4.2.1 Enthält der Text ausdrückliche Aussagen zu Zeit, Ort etc.?

4.2.2 Zu welchen Aspekten erscheinen im Text keine ausdrücklichen Bemerkungen?
(a) Sind sie für diesen Text unwichtig? Warum?
(b) Sind sie implizit doch vorhanden, und sind zu ihnen Hintergrundinformationen nötig, wenn man den Textinhalt völlig erfassen will?

4.2.3 Sind weitere Aspekte für diesen Text wichtig?

4.3 ▶ Führen Sie alle Aspekte auf, die den Ausgangstext betreffen.

4.4 ▶ Bilden Sie (mehrere!) Fragen zu den folgenden Aussagen, die sich auf den Ausgangstext beziehen. Untersuchen Sie, auf welche allgemeinen Aspekte des Katalogs sich die Fragen richten. Beachten Sie: Die Aspekte überschneiden sich häufig (z. B. politisch und ökonomisch).
(a) Kurz nach 1949, in Verena D.'s früher Kindheit, waren die unmittelbaren Folgen des 2. Weltkriegs in der gerade gegründeten Bundesrepublik Deutschland noch stark spürbar.
(b) Es herrschten damals große Bevölkerungsmobilität sowie soziale und wirtschaftliche Unsicherheit.
(c) In dieser Situation lösten sich zahlreiche Familienverbände auf.
(d) Es gab eine starke Fluktuation der Bevölkerung zwischen den beiden deutschen Staaten.
(e) Dortmund liegt in Nordrhein-Westfalen, am Rande des Ruhrgebietes. Das Ruhrgebiet ist das größte Industriegebiet und die bevölkerungsstärkste Region der Bundesrepublik Deutschland.

4.5 ▶ Stellen Sie den Lebenslauf der Verena D. anhand des Ausgangstextes (Textsorte?) chronologisch dar.

4.6 ▶ Notieren Sie zu den wichtigen Zeitabschnitten im Lebenslauf von Verena D. die politischen Entwicklungsphasen der Bundesrepublik (s. **Anhang II**: K, L, W, Z).

4.7 ▶ Diskutieren Sie Verena D.'s Lebenslauf vor dem Hintergrund dieser politischen Entwicklung.

5. Zusatztext 1

Die stärkste *Desorganisations*gefahr liegt in der Trennung von Arbeits- und Familienort. Sie zwingt die einzelnen Familienmitglieder, tagsüber in verschiedenen Welten zu leben, die sich nur schwer vereinigen und durch familiäre Bindungen zusammenhalten lassen. Je mehr ein Familienmitglied außerhalb der Familie lebt, um so geringer wird die Verbindlichkeit gegenüber der Familie, bei den Ehepartnern wächst die Gelegenheit zur Ablenkung und zur Untreue, das Verständnis für die andere Welt des anderen wird erschwert, der Raum des gemeinsamen Denkens, Erlebens und Tuns nimmt ab. (...)

Hinzu kommt, daß das Generationsproblem in der modernen Welt ständig schwieriger wird. Unsere Welt verändert sich in einem ständig wachsenden Ausmaß auf wirtschaftlichem, wissenschaftlichem, technischem, politischem, kulturellem Gebiet. (...) Kunst, Kleidung, Sport, Wissenschaft, Weltanschauung, Benehmen, Sitte, ja sogar Religion sind dem Kurzstreckenwettlauf der Moden ausgesetzt. Nur der Teenager und der Snob sind – gefördert durch die Industrie – in der Lage, zu jeder Zeit Schritt zu halten und werden damit auch zu Schlüsselfiguren unserer Zeit. (...)

Die Auseinanderentwicklung der gesellschaftlichen Umwelt, die technischer, anonymer, rationaler geworden ist, und der Familie, die persönlicher, intimer, emotionaler geworden ist, führt zu deren *Desintegration.* Ihr wächst von selbst die Rolle einer privaten Insel mitten in der unpersönlichen Großwelt zu. Die meisten Menschen sind froh, dem Tumult der komplizierten, nervenzerrenden Massengesellschaft entronnen zu sein und in den eigenen vier Wänden ausruhen zu können. Das führt dazu, daß die Familie sich gerade nicht auf die Wandlungen der Gesellschaft einstellt und umgekehrt erst recht nicht, sondern beide entwickeln sich wesensmäßig auseinander.

Worterklärungen

die Verbindlichkeit, ./. – hier: Verpflichtung und Verantwortungsbewußtsein; *Schritt halten* – (alle) Veränderungen mitmachen; *die Schlüsselfigur, -en* – hier: entscheidende, typische Person; *der Tumult, -e* – lärmendes Durcheinander erregter Menschen.

6. Bearbeitungshinweise zum Zusatztext 1

6.1 Erläutern Sie Ihr Verständnis der Begriffe *Treue, Generationsproblem, Mode, Teenager, Snob, Massengesellschaft.*

6.2 Vergleichen Sie Ihre Auffassung von diesen Begriffen mit der aus dem Text ersichtlichen Verwendung.

6.3 In jedem Absatz des Zusatztextes 1 stellt der Autor in der modernen bundesrepublikanischen Gesellschaft um ______ (Zeit?) eine Form der *Trennung* fest:

(a) *Trennung* von ______________________________

(b) *Trennung* von ______________________________

(c) *Trennung* von ______________________________

Beschreiben Sie mit Hilfe des Textes die Veränderungen, die sich nach Meinung des Autors aus diesen Trennungen ergeben.

6.4 Diskutieren Sie:
Der Autor befürchtet in Absatz 1 eine Auflösung der Familie; dagegen schildert er in Absatz 3 den „Rückzug in die Familie“: Lassen sich Ihrer Meinung nach diese beiden Aussagen miteinander vereinbaren?

6.5 Überlegen Sie, ob sich in Ihrem Land ähnliche Prozesse in den Bereichen Arbeit, Familie (Generationskonflikt), Gesellschaft abspielen, wie sie im Text beschrieben werden, und stellen Sie Vergleiche an.

6.6 Der Text argumentiert vor dem Hintergrund der Wirtschaftslage in der zweiten Hälfte der 50er Jahre, z. B. Berufstätigkeit von Mann **und** Frau (Zeile 2ff.). Stellen Sie aus anderen Quellen (s. **Anhang II**: H, L, S) Informationen über diese Zeit des *Wirtschaftswunders* zusammen.

7. **Zusatztext 2**

Immer mehr Menschen fühlen sich einfach nicht mehr imstande, mit ihren Eltern, mit Angehörigen der älteren Generation in einem Haushalt oder auch nur in einem Haus zusammenzuleben. (...)

Albert Grosser, 38, verheiratet, zwei Kinder, Angestellter in einem modernen Industriebetrieb im Ruhrgebiet, erklärt:

‚Ich mache fast jeden Abend Überstunden. Und jeden Monat bin ich mindestens acht Tage unterwegs. Wenn ich weiterkommen will, geht das nicht anders. Da bleibt für Zeitschriften und Fachbücher schon nur noch das Wochenende. Und meine Frau und die Kinder wollen ja schließlich auch mal was von mir haben. Ich weiß, daß meine Mutter gerne zu uns ziehen würde. Aber dabei ginge unser Familienleben in die Brüche. Sie kommt jetzt zweimal im Jahr für vierzehn Tage zu uns. Aber danach sind meine Nerven jedesmal vollkommen hin. Dabei ist sie 'ne liebe Frau. Sie tut nichts Böses. Aber sie will natürlich mitreden, und dann versteht sie nicht, wie man heute lebt, dann fängt sie an zu fragen und erzählt aus ihrer Jugend, wie da alles anders war – aber so viel Zeit haben wir einfach nicht ...‘

Ursula R., 34 Jahre alt, ein Kind, verheiratet mit einem Arbeiter in Schleswig-Holstein:

‚Ich arbeite vier Tage in der Woche als Aufwartefrau. Um Geld zu verdienen. Wenn mein Mann abends nach Hause kommt, ist er erstmal fertig von den acht Stunden an der Maschine. Da will er nichts hören, und da redet er auch nicht. Am Wochenende arbeitet er dann mit zwei Kollegen auf einem Bau, als Maurer, schwarz, weil wir uns voriges Jahr ein Auto gekauft haben, das müssen wir abzahlen. Wenn das bezahlt ist, kommt der neue Fernseher dran. Der Vater von meinem Mann ist 66 und ganz rüstig, er kann also einholen und abwaschen, sogar kochen kann er etwas. Aber wenn der zu uns ins Haus käme, wie mein Mann das mal wollte, weil er so alleine ist, dann würde ich ausziehen. Der versteht einfach nicht, wie wir leben. Er sagt zum Beispiel, wir brauchen keinen neuen Fernseher, und ein gebrauchtes Auto hätte es auch getan. Dabei haben unsere Nachbarn schon seit einem halben Jahr Farbe bei sich beim Fernsehen! Und unser Sohn, sagt er, der wäre falsch erzogen, der müßte mehr spielen. Er denkt einfach anders. Und wenn man dann so eng aufeinander sitzt, dann gibt das nur Streit ...‘

Wer in unserer Welt etwas gelten will, der muß sich leisten können, was die Konsumwerbung uns täglich als ‚notwendiges‘ Zubehör zum modernen Leben anpreist. Um das bezahlen zu können, muß er etwas leisten, muß er nach Möglichkeit mehr leisten als der Nachbar, der Kollege, um besser bezahlt zu werden. Unter dem Druck der Leistungsgesellschaft ziehen sich die Berufstätigen daher auf die Kleinstfamilie zurück.

Worterklärungen

weiterkommen – hier: im Beruf Erfolg haben/aufsteigen; *in die Brüche gehen* – zerstört werden; *die Nerven sind hin* – man ist psychisch völlig erschöpft; *die Aufwartefrau, -en* – Frau, die bei anderen Leuten saubermacht; *fertig sein* – hier: (physisch) völlig erschöpft sein; *schwarz arbeiten* – nicht offiziell arbeiten, ohne Steuern zu zahlen; *abzahlen* – in (z. B. monatlichen) Teilbeträgen für eine gekaufte Sache bezahlen; *ganz rüstig* – hier: noch einigermaßen kräftig, gesund; *kochen kann er etwas* – hier: ... ein bißchen; *hätte es auch getan* – hier: wäre auch ausreichend gewesen; *eng aufeinander sitzen* – hier: zusammen in einer relativ kleinen Wohnung leben.

8. Bearbeitungshinweise zum Zusatztext 2

8.1 Erläutern Sie die Begriffe *Konsumwerbung, Leistungsgesellschaft, Kleinstfamilie.*

8.2 Nennen Sie die in beiden Interviews gleichen Argumente gegen den Einzug der Mutter/des Vaters.

8.3 Beschreiben Sie den unterschiedlichen sozialen Status der beiden Haushalte und die Wertvorstellungen der Interviewten.

8.4 Spielen Sie für jedes Interview denkbare Dialogszenen zwischen Mann und Frau, Sohn und Mutter, Schwiegertochter und -vater.

8.5 Diskutieren Sie, ob die Schlußfolgerung des Autors beiden Interviews entspricht.

8.6 Formulieren Sie Ihre Schlußfolgerung aus den Interviews.

8.7 Debattieren Sie miteinander als Befürworter der Großfamilie einerseits und der Kleinstfamilie andererseits.

9. Zusatztext 3

Den meisten Bürgern der Bundesrepublik ist gar nicht bewußt, daß sich im westlichen Nachkriegsdeutschland neben der freudig die Gegenwart genießenden Verbraucherplebs ein Geldadel herausgebildet hat, in dessen Händen sich eine ungeheure Vermögenskonzentration vollzogen hat.

Während die Masse der Westdeutschen das Wirtschaftswunder freudig bestaunte und sich eine ansehnliche Sammlung dauerhafter Konsumgüter zulegte, häufte eine an der Gesamtzahl der Bevölkerung gemessen verschwindend kleine Zahl von Kapitalbesitzern eine noch ansehnlichere Sammlung von Besitztiteln am Produktivkapital dieses Staates an.

Während die große Masse der Arbeitnehmer bescheidene Summen auf ihren Sparkonten ansammelte, die vor allem dazu dienten, die etwas kostspieligeren Statussymbole wie Auto, Fernsehgerät und Waschmaschine anzusparen, teilten einige wenige Reiche die deutsche Wirtschaft unter sich auf.

Während Millionen Familien glücklich darüber waren, endlich eine bequeme, moderne Wohnung gefunden zu haben, machten einige Leute, die zufällig ein paar günstig gelegene Grundstücke besaßen oder denen eine Bodenspekulation geglückt war, Millionengeschäfte auf Kosten des Steuerzahlers oder privater Bauherren.

Während in der Bundesrepublik mit mehr oder weniger Erfolg darum gerungen wurde, im politischen Bereich endlich ein Gefühl für demokratische Spielregeln zu entwickeln und das parlamentarische System im Bewußtsein der Bevölkerung zu verankern, entstand in der Wirtschaft eine Oligarchie des Reichtums.

Worterklärungen

sich etwas zulegen – hier: sich etwas anschaffen; *gemessen an* – verglichen mit; *die Oligarchie, -n* – Herrschaft einer kleinen Gruppe / ursprünglich der Reichsten im Staat.

10. Bearbeitungshinweise zum Zusatztext 3 und Zusatzmaterial 3′

10.1 Der Text stellt in provokativer Weise zwei Menschengruppen einander gegenüber: *Verbraucherplebs* und *Geldadel.* Definieren Sie diese Begriffe.

10.2 Suchen Sie sprachliche Mittel des Textes heraus, mit denen die Provokation erreicht wird. Sammeln Sie Charakteristika für die beiden beschriebenen Gruppen.

10.3 ▶ Entwerfen Sie aus der Beschreibung der *Verbraucherplebs* unter Hinzuziehung von Aussagen des Zusatztextes 2 ein Bild des bundesrepublikanischen „Durchschnittsbürgers".

10.4 ▶ Werten Sie die statistischen Angaben des Zusatzmaterials 3′ auf der gegenüberliegenden Seite zur Interpretation der These aus, daß in der Bundesrepublik *in der Wirtschaft eine Oligarchie des Reichtums* entstand. Diskutieren Sie die Bedeutung von Fusionen und Kapitalkonzentrationen im wirtschaftlichen Prozeß.

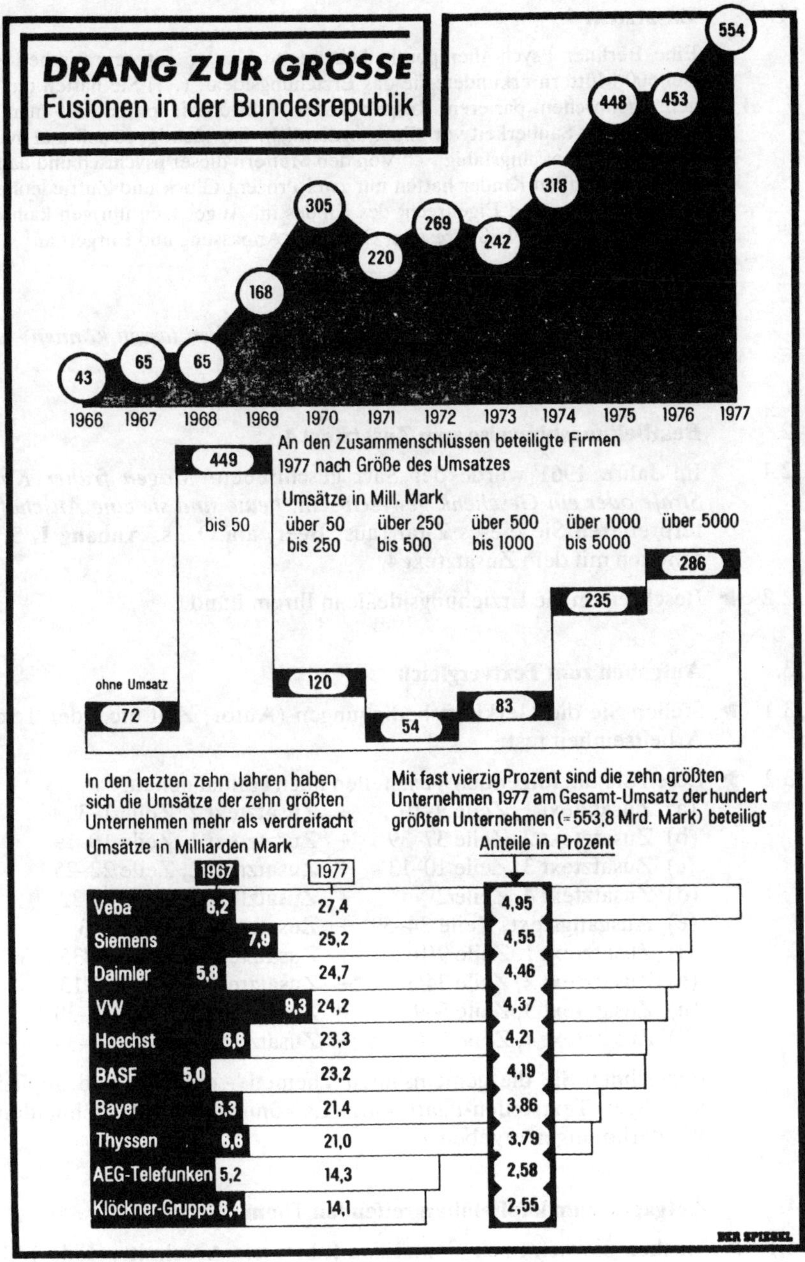

3′: in: Der Spiegel 49/78

11. **Zusatztext 4**

Eine Berliner Psychotherapeutin behandelte Kinder mit neurotischen Störungen. Bei 500 Müttern erkundete sie das Erziehungsideal. (...) Sie hatten die Erwartungen: „gehorchen, parieren, Respekt haben, musterhaft spuren; daß man sich sehen lassen kann; Sauberkeit vor allem; ordentlich, fix, tüchtig; es soll mal mehr sein als wir selbst; anpassungsfähig ...“ Von den Müttern dieser psychisch und dann oft auch physisch kranken Kinder hatten nur zwei Prozent Glück und Zufriedenheit und damit Eigenleben und Eigenrecht des Kindes im Auge. Den übrigen kam es auf Gehorsam, Respekt, Fleiß, Prestige, Ordnung, Anpassung und Ehrgeiz an.

Worterklärungen

musterhaft spuren – völlig gehorchen; *sich sehen lassen können* – sich nicht schämen müssen; *fix* – schnell und erfolgreich.

12. **Bearbeitungshinweise zum Zusatztext 4**

12.1 Im Jahre 1961 wurde der Satz geschrieben: *Mögen früher Kinder eine Strafe oder ein Geschenk gewesen sein, heute sind sie eine Anschaffung.* Interpretieren Sie dieses Zitat (aus: Beer, a.a.O., s. **Anhang I,** S. 105) zusammen mit dem Zusatztext 4.

12.2 ▶ Beschreiben Sie Erziehungsideale in Ihrem Land.

13. **Aufgaben zum Textvergleich**

13.1 ▶ Stellen Sie die Herkunftsbedingungen (Autor, Zeit etc.) der Texte dieser Arbeitseinheit fest.

13.2 ▶ Lesen Sie die folgenden Textstellen noch einmal genau:

(a) Zusatztext 1, Zeile 9–10 + Zusatztext 2, Zeile 1–3
(b) Zusatztext 2, Zeile 37–39 + Zusatztext 1, Zeile 16–19
(c) Zusatztext 3, Zeile 10–13 + Zusatztext 2, Zeile 22–25
(d) Zusatztext 4, Zeile 2 + Zusatztext 2, Zeile 31/32
(e) Ausgangstext, Zeile 34–39 + Zusatztext 2, Zeile 1–3
(f) Zusatztext 1, Zeile 9/10 + Zusatztext 2, Zeile 34/35
(g) Zusatztext 2, Zeile 34/35 + Zusatztext 1, Zeile 12/13
(h) Zusatztext 3, Zeile 5–9 + Zusatztext 2, Zeile 28–30
(i) Zusatztext 4, Zeile 7/8 + Zusatztext 2, Zeile 36–38

Bezeichnen Sie die gemeinsamen Themen – explizite und implizite – der jeweiligen Textstellen-Paare kurz. Es können sich Überschneidungen und Wiederholungen ergeben.

14. **Aufgaben zum kapitelübergreifenden Themenvergleich**

14.1 ▶ Machen Sie sich noch einmal den Inhalt des Abschnitts Zeile 14 bis 17 im Zusatztext 3 dieser Arbeitseinheit ganz deutlich. Jetzt stellen sich die Fragen:

(a) Warum waren diese *Familien* ***glücklich***?
(b) Was waren ***günstig*** *gelegene Grundstücke*?
(c) Wie waren in diesem Land ***Millionengeschäfte*** möglich?

14.2 ▶ Möglichkeiten für Antworten zeichnen sich ab, wenn Sie auf andere Texte und Informationen auch aus anderen Kapiteln zurückgreifen. Achten Sie dabei auf die Entstehungszeit, die behandelte Zeit und auf den Blickwinkel des jeweiligen Autors.

Zur Frage (a):
Arbeitseinheit 1: Ausgangstext, Zeile 44–47; Zusatztext 2, Zeile 1–3; Zusatztext 1, Zeile 1/2, 14–16, 24–26.

Zur Frage (b):
Arbeitseinheit 1: Zusatztext 2, Zeile 3–5; Zusatztext 1, Zeile 25–29.

Zur Frage (c):
Arbeitseinheit 1: Zusatztext 2, Zeile 5–10; Zusatztext 1, Zeile 24–27; eventuell Arbeitseinheit 2: Zusatztext 1, Zeile 26–30.

Auch die Zeichnung aus der Arbeitseinheit 1 kann Ihnen bei der Beantwortung Ihrer Fragen helfen.

14.3 ▶ Nachdem Sie nun ein wenig mehr Orientierungsmaterial beisammen haben, formulieren Sie als Antwort zu jeder Frage einige Sätze.

14.4 Ähnliche Möglichkeiten, Texte aus früheren Arbeitseinheiten aufeinander zu beziehen, gäbe es z. B. auch zum Thema des *Wirtschaftswunders* (Arbeitsrecht/Konjunktur) oder der *Familienstruktur* (Rentner/Generationenkonflikt).

Arbeitseinheit 4

Zur Auseinandersetzung der Systeme Bundesrepublik Deutschland – Deutsche Demokratische Republik

Inhaltliche Lernziele:

- Aus (Selbst-)Darstellungen von Auffassungen der politischen Systeme Bundesrepublik Deutschland und Deutsche Demokratische Republik Informationen über die (politischen und ideologischen) Auseinandersetzungen zwischen diesen Staaten erhalten.
- Den Texten und anderen Informationsquellen Angaben über Situation und Ereignisse auf dem Höhepunkt des Kalten Krieges von 1960 bis 1963 entnehmen.

Methodische Lernziele

- Erschließungsaspekte für die Texte erkennen.
- Beim Formulieren von Fragen einige Mittel der Texterschließung anwenden.
- Angaben im Orientierungsteil und Textinhalte zusammenfassen.
- Thematische Überschneidungen der Texte identifizieren.
- Den Texten der vorangegangenen Arbeitseinheiten inhaltlich relevante Zusatzinformationen entnehmen.

1. **Orientierungsteil**

1960	Feb.	Erste französische Atombombe. US-Aufklärungsflugzeug über UdSSR abgeschossen.
	Sommer	Anschwellen der Flucht aus der Deutschen Demokratischen Republik. Brandt Kanzlerkandidat der SPD. Chruschtschow bei den UN.
	Nov.	Kennedy US-Präsident.
	Dez.	Verlängerung des Interzonenhandelsabkommens zwischen der Bundesrepublik Deutschland und der Deutschen Demokratischen Republik.
1961	März	DM-Aufwertung.
	Apr.	VW-Volksaktien.
	13. Aug.	Deutsche Demokratische Republik baut Mauer durch Berlin.
	Aug.	Gagarin erster im All. Kuba-Invasion scheitert.

1961	17. Sep.	Wahlen: CDU verliert absolute Mehrheit, Adenauer bleibt Bundeskanzler.
	Herbst	USA in Südvietnam aktiv. Beginn des „Gastarbeiter"-stroms.
1962	März	Beendigung Algerienkrieg.
	Okt.	Kuba-Krise. „Spiegel-Affäre" (Strauß), Krise in Bonn.
1963	Apr.	Metallerstreik, erste Aussperrung.
	Juli	Moskauer Abkommen: USA, Großbritannien, UdSSR. Stopp überirdischer Atomversuche.
	Sep.	Erste Handelsmission der Bundesrepublik Deutschland in Osteuropa.
	Okt.	Adenauer-Rücktritt, Erhard Bundeskanzler.
	Nov.	Kennedy-Mord.

2. **Ausgangstext 1**

Warum hält die Sowjetunion an der Haltung in der deutschen Frage fest, die sie nach dem Zusammenbruch des Deutschen Reiches im Jahre 1945 eingenommen hat? Chruschtschow sieht doch aus der steigenden Zahl der aus der Zone Fliehenden, daß die kommunistische Staatsform nicht die Staatsform ist, die die Bewohner der Sowjetzone wollen. Wenn man 1945 in etwa verstehen konnte, daß die Sowjetunion sich dadurch, daß sie sich die Zone und den Ostsektor von Berlin aneignete, eine Schutzzone gegen ein neuerstehendes, kriegslüsternes, Revanche verlangendes Deutschland schaffen wollte, so ist einem jetzt, nach den vergangenen zwölf Jahren, ihre Haltung nicht verständlich. Die Bundesrepublik Deutschland besteht jetzt zwölf Jahre. Sie hat bewiesen, daß sie ein überzeugter Gegner eines Angriffskriegs ist. Wie groß stünde die Sowjetunion vor der Welt und vor der Geschichte dieser Zeit, wenn sie die Hand zu einer guten Lösung der deutschen Frage böte. (...)
Den Deutschen in Berlin und in der Zone aber rufe ich zu: Haltet fest an der sicheren Hoffnung auf Wiedervereinigung in Frieden und Freiheit, haltet fest an dem festen Glauben an die Wiederherstellung der Einheit Deutschlands.

Ausgangstext 2

Getragen von der Sorge um die Zukunft der deutschen Nation, entschlossen, zur Sicherung des Friedens in Deutschland und Europa und dadurch zur Wiedervereinigung Deutschlands beizutragen, wendet sich der Staatsrat der DDR an den Deutschen Bundestag und an die Regierung der Deutschen Bundesrepublik mit der Aufforderung, unverzüglich der Einleitung von Verhandlungen zwischen Vertretern beider deutscher Staaten über eine Friedensregelung mit Deutschland und Fragen der Wiedervereinigung zuzustimmen. Eine historische Chance für die deutsche Nation gilt es wahrzunehmen! Nach dem Vorschlag der Sowjetunion sollen die Vier Mächte von vornherein erklären, daß sie jede Vereinbarung über eine Friedensregelung und Fragen der Wiedervereinigung, die von den Deutschen getroffen wird, anerkennen. Dadurch können wir gemeinsam sichern, daß im Friedensvertrag die nationalen Interessen des deutschen Volkes gewahrt werden.

Worterklärungen

kriegslüstern – militaristisch; *unverzüglich* – ohne Verzug, sofort; *wahren* – erhalten, aufrechterhalten.

3. Aufgaben zum Leseverständnis der Ausgangstexte

3.1 ▶ Zum Ausgangstext 1: Formulieren Sie bitte Fragen, auf die die kursiv gedruckten Satzteile antworten.

(a) *Adenauer* fragt, aus welchem Grund die Sowjetunion bei ihrer 1945 angenommenen Haltung in der deutschen Frage bleibe.
(b) Laut Adenauer müßte Chruschtschow *an der steigenden Zahl derjenigen, die die DDR verlassen,* erkennen, daß die kommunistische Staatsform von den Bewohnern dort nicht erwünscht sei.
(c) Im Jahre 1945 sei es noch verständlich gewesen, so meint Adenauer, *daß die UdSSR durch Schaffung der DDR eine Schutzzone gegen einen neuen deutschen Revanchismus errichten wollte.*
(d) Diese Haltung sei *zwölf Jahre nach der Gründung der Bundesrepublik* jedoch unverständlich.
(e) Adenauer betont, daß die Bundesrepublik ein überzeugter Gegner *des Angriffskrieges* sei.
(f) Er meint, die Sowjetunion könne ihre Größe *dadurch* dokumentieren, *daß sie zu einer guten Lösung der deutschen Frage beitrüge.*
(g) Adenauer appelliert *an die Berliner und die DDR-Bürger,* ihre Hoffnung auf eine Wiedervereinigung in Frieden und Freiheit nicht aufzugeben.

3.2 ▶ Zum Ausgangstext 2: Ergänzen Sie die Sätze in Anlehnung an den Text.

(a) Nach Ansicht des Staatsrats der DDR sollten die Bundesregierung und der Bundestag der Bundesrepublik Deutschland ... zustimmen.
(b) Der Staatsrat erklärt, er sei erfüllt von ... .
(c) Er behauptet, er sei bereit, ... einen Beitrag zu leisten.
(d) Laut Staatsrat der DDR hat sich die Sowjetunion dafür ausgesprochen, daß ... akzeptieren sollten.
(e) Eine solche Anerkennung durch die Vier Mächte könne dazu führen, daß ... vermieden werde.

4. Aufgaben zur Texterschließung der Ausgangstexte (Lösung S. 120ff.)

4.1 ▶ Führen Sie den Katalog der Aspekte zur Texterschließung auf.

4.2 ▶ Stellen Sie die Herkunftsbedingungen der Texte fest.

4.3 ▶ Entscheiden Sie, welche Aspekte für die Ausgangstexte 1 und 2 relevant sind. Fügen Sie, wenn nötig, andere wichtige Aspekte hinzu. Begründen Sie Ihre Auswahl mit Textstellen.

4.4 ▶ Formulieren Sie zu jedem Aspekt mit Hilfe Ihrer Textstellenauswahl Fragen, die im Zusammenhang mit den Ausgangstexten stehen.

Beispiel: *Was geschah 1949?* oder *Wer will die Wiedervereinigung?*
Denken Sie dabei über mögliche Antworten nach.

4.5 ▶ Entwickeln Sie Fragen, die die Ausgangstexte in größere Zusammenhänge stellen. Hierzu werden unter (a) bis (f) durch Stichwörter Sachverhalte vorgegeben, auf die sich die Fragen beziehen sollen.

Beispiel: Zum historischen Aspekt – Stichwort: 1945
Frage: *Was geschah 1945?* oder *Was wollte die Sowjetunion 1945 verhindern?*

(a) – 17. Juni („Tag der deutschen Einheit") 1961
– 28. Juni 1961

(b) – Bonn, Hauptstadt/Regierungssitz
– Berlin (Ost), Hauptstadt/Regierungssitz

(c) – Bundesrepublik Deutschland seit 1955 in der NATO
– DDR seit 1955 souverän, seit 1956 im Warschauer Pakt

(d) – diplomatische Beziehungen Bundesrepublik Deutschland–UdSSR seit 1955
– Regierungschefs 1961: Kennedy, USA; Chruschtschow, UdSSR; Adenauer, Bundesrepublik Deutschland; Ulbricht, DDR

(e) – in der Bundesrepublik Deutschland: allmähliches Ende des *Wirtschaftswunders*; Vollbeschäftigung/Arbeitskräftemangel; Beginn des *„Gastarbeiter"*-Stroms; mehr Im- als Exporte
– in der DDR: erschwerte wirtschaftliche Entwicklung; Aufbau einer Industrie aus eigenen Mitteln; Neustrukturierung der Landwirtschaft

(f) – gegenseitige Beteuerung des Friedens- und Wiedervereinigungswillens

Geben Sie denkbare Antworten auf Ihre Fragen. Entsprechend dem

Beispiel (zum Stichwort: 1945) wäre eine mögliche Antwort:
Das Deutsche Reich brach zusammen. Oder *Die UdSSR wollte ein neuerstehendes, kriegslüsternes, Revanche verlangendes Deutschland verhindern.*

Benutzen Sie dabei den **Anhang II:** K, L, O, S, T.

4.6 ▶ Fassen Sie beide Verlautbarungen und ihren gemeinsamen politischen Hintergrund in einem Text zusammen. Nehmen Sie dabei die Hinweise der Aufgaben 4.4 und 4.5 und den Orientierungsteil dieser Arbeitseinheit zu Hilfe.

5. Zusatztext 1

Ein schlechthin katastrophaler Irrtum aber ist die Annahme, daß die Sicherheit Europas, mindestens aber die Sicherheit unserer Nachbarn im Osten, am besten auf die Teilung Deutschlands gegründet werde. Ich weiß, daß dieser Irrwahn nicht nur in Moskau, Warschau und Prag verhängnisvolle Früchte zeitigt, sondern daß er, wenn auch verstohlen, gelegentlich diesseits des Eisernen Vorhangs herumgeistert. (...) Gewiß: Die Teilung Deutschlands ist letztlich eine Folge von Hitlers Angriff auf Rußland. Aber ebenso gewiß ist, daß das deutsche Volk keine Schuld daran hat, daß diese Folge nicht inzwischen überwunden wurde. Wir waren und wir sind bereit, jede vertretbare Garantie dafür zu geben, daß das vereinte und durch eine gerechte Regelung seiner Lebensbedürfnisse befriedete deutsche Volk ein verläßlicher Partner aller seiner Nachbarn in West *und* Ost, in Nord und Süd sein wird. (...)

Zögernd nur und gegen ernste Bedenken hat sich dieses Haus im Laufe der letzten Jahre zu der Übereinstimmung durchgerungen, daß ein deutscher Verteidigungsbeitrag sein müsse, weil es die Sache der Freiheit in der Welt erfordert und weil wir auf die Schutzgemeinschaft der freien Welt bitter angewiesen sind. Aber auch bei den Entscheidungen, die uns diese Einsicht abverlangte, gab es hier nur eine Meinung, daß wir nämlich alle jederzeit bereit und willens sind, uns vorbehaltlos den Bedingungen einer allgemeinen kontrollierten Abrüstung zu unterwerfen. (...)

Wir sehen es ja seit Jahr und Tag, welche Hände nach West-Berlin greifen und wie dieser tapferen Stadt dasselbe Schicksal bereitet werden soll, unter dem die sowjetisch besetzte Zone leidet; so bitter leidet, daß seit dem zwölfjährigen Bestehen des Deutschen Bundestags bis zum 28. Juni 1961, also bis vorgestern, 2633103 Flüchtlinge Haus und Heimat, Verwandte und Freunde verlassen mußten, um hier bei uns des Gefühls der Sicherheit und der Freiheit teilhaftig zu werden. Und der Strom geht unaufhaltsam weiter. Eine Abstimmung mit den Füßen, voll stummer Aussagekraft auch für die, die nicht mehr aus der Zone weggehen können.

Worterklärungen

schlechthin – überhaupt, ganz und gar; *verhängnisvoll* – folgenschwer, Unglück nach sich ziehend; *zeitigen* – hervorbringen, reifen lassen; *verstohlen* – heimlich, unauffällig; *herumgeistern* – als Geist/Gespenst umgehen, spuken; *befrieden* – den Friedenszustand herbeiführen; *angewiesen sein auf* – abhängig sein von; *vorbehaltlos* – ohne Einschränkung, bedingungslos; *einer Sache teilhaftig werden* – Anteil haben an einer Sache, eine Sache erfahren/erleben.

6. Bearbeitungshinweise zum Zusatztext 1

6.1 Stellen Sie am Text und im **Anhang I** die Herkunftsbedingungen dieses Textes fest.

6.2 Erläutern Sie bitte die Begriffe und Wendungen:
- *Nachbarn im Osten*
- *Teilung Deutschlands*
- *Eiserner Vorhang*
- *ein deutscher Verteidigungsbeitrag*
- *die Schutzgemeinschaft der freien Welt*
- *Flüchtling*
- *Abstimmung mit den Füßen.*

6.3 ▶ Was äußert der Text zu folgenden Problemen?
(a) falsche Grundlage für außenpolitische Sicherheit (Zeile 1 ff.)
(b) Träger der Verantwortung für die Teilung Deutschlands (Zeile 6 ff.)
(c) Bedingungen für eine partnerschaftliche Außenpolitik (Zeile 8 ff.)
(d) Gründe für die Wiederaufrüstung der Bundesrepublik (Zeile 12 ff.)

(e) Bedingungen für eine Abrüstung der Bundesrepublik (Zeile 15ff.)
(f) Situation West-Berlins (Zeile 19ff.)
(g) Motive von DDR-Bürgern, ihre Heimat zu verlassen (Zeile 23f.)

Was können Sie dazu aufgrund der bislang von Ihnen erworbenen Kenntnisse und erkannten Meinungen sagen?

7. Zusatztext 2

Zur Abwendung der ernsten Atomkriegsgefahr von Deutschland und der Welt sowie zur Sicherung einer friedlichen Zukunft für das deutsche Volk ist der Abschluß eines Friedensvertrages mit Deutschland zur unaufschiebbaren Notwendigkeit geworden. 16 Jahre nach Beendigung des Zweiten Weltkrieges ist die Beseitigung aller seiner Überreste für das deutsche Volk ein Gebot der nationalen Selbsterhaltung. Die Volkskammer der DDR erklärt deshalb den Abschluß eines einheitlichen Friedensvertrages mit beiden deutschen Staaten als die alles überragende Aufgabe des deutschen Volkes. Falls der Abschluß eines solchen Friedensvertrages am Widerstand der Regierungen der Westmächte und Westdeutschlands scheitern sollte, wird die DDR mit allen Staaten der Anti-Hitler-Koalition den Friedensvertrag schließen, die auf der Friedenskonferenz dazu bereit sind.
In Erfüllung ihrer nationalen Pflicht beschließt die Volkskammer der DDR den Deutschen Friedensplan, den sie der Regierung und dem Bundestag Westdeutschlands und dem deutschen Volk in beiden deutschen Staaten unterbreitet.

Worterklärungen

unaufschiebbar – nicht aufzuschieben, dringend; *der Überrest, -e* – hier: auch die letzten Reste; *die Selbsterhaltung, ./.* – Erhaltung/Bewahrung der eigenen Lebensfähigkeit; *überragen* – größer sein als.

8. Bearbeitungshinweise zum Zusatztext 2

8.1 Vergewissern Sie sich unter Hinzuziehung des **Anhangs I** der Herkunftsbedingungen des Textes. Zu welchem Zweck wurde er Ihrer Einschätzung nach verfaßt?

8.2 Stellen Sie Vermutungen zu den folgenden Fragen an.
(a) Inwiefern bestand eine ernste *Atomkriegsgefahr*?
(b) Wieso gab es noch keinen *Friedensvertrag*?
(c) Welche *Überreste* des 2. Weltkriegs meint der Text?
(d) Warum vermuteten die Verfasser des Textes einen *Widerstand der Regierungen der Westmächte und Westdeutschlands*?
(e) Wer sind die *Staaten der Anti-Hitler-Koalition*?
(f) Welche Implikationen hat die Wendung von *dem deutschen Volk in beiden deutschen Staaten*?

8.3 Wie denken Sie sich die Reaktionen der Adressaten dieses Textes? Begründen Sie Ihre Annahmen.

9. **Zusatztext 3**

Zur Unterbindung der feindlichen Tätigkeit der revanchistischen und militaristischen Kräfte Westdeutschlands und Westberlins wird eine solche Kontrolle an den Grenzen der DDR, einschließlich der Grenze zu den Westsektoren von Großberlin eingeführt, wie sie an den Grenzen jedes souveränen Staates üblich ist. Es ist an den Westberliner Grenzen eine verläßliche Bewachung und eine wirksame Kontrolle zu gewährleisten, um der Wühltätigkeit den Weg zu verlegen. Diese Grenzen dürfen von Bürgern der DDR nur noch mit besonderer Genehmigung passiert werden.

Worterklärungen

die Unterbindung, ./. – Verhinderung; *verläßlich* – zuverlässig, vertrauenswürdig; *gewährleisten* – garantieren; *die Wühltätigkeit, -en* – hier: Subversions-, Unterwanderungsaktivität; *verlegen* – hier: blockieren.

10. **Zusatztext 4**

Die Machthaber der Sowjetzone haben heute nacht damit begonnen, unter offenem Bruch der Viermächtevereinbarungen Westberlin von seiner Umgebung abzuriegeln. Diese Maßnahme ist getroffen worden, weil das der mitteldeutschen Bevölkerung von einer auswärtigen Macht aufgezwungene Regime der inneren Schwierigkeiten in seinem Machtbereich nicht mehr Herr wurde. Die übrigen Ostblockstaaten haben von dem Zonenregime verlangt, diesen Zustand seiner Schwäche und Unsicherheit zu beseitigen. (...)

Durch die Willkür des Pankower Regimes ist eine ernste Situation heraufbeschworen worden. Im Verein mit unseren Alliierten werden die erforderlichen Gegenmaßnahmen getroffen. (...)

Mit den Deutschen in der Sowjetzone und in Ostberlin fühlen wir uns nach wie vor aufs engste verbunden; sie sind und bleiben unsere deutschen Brüder und Schwestern. Die Bundesregierung hält an dem Ziel der deutschen Einheit in Freiheit unverrückbar fest.

Worterklärungen

abriegeln – hier: absperren, trennen; *auswärtig* – extern, ausländisch, fremd; *einer Sache Herr werden* – eine Sache bewältigen; *die Willkür, ./.* – Handlungsweise nach eigenem Belieben ohne Rücksicht auf Gesetze oder auf die anderen; *heraufbeschwören* – verursachen, provozieren; *unverrückbar* – ganz fest, unumstößlich.

11. **Zusatztext 5**

Liebe Berliner! Ihr habt diese Prüfung gut bestanden! Ihr habt Euch prächtig gehalten! Vereint mit unseren Verbündeten, mit der mächtigen UdSSR und den im Warschauer Vertrag vereinten volksdemokratischen Ländern hat die DDR – und vor allem die Bevölkerung der Hauptstadt – diese Prüfung in Ehren bestanden. Wir können sagen, daß die von den Warschauer Vertragsstaaten beschlossenen Maßnahmen wirksam durchgeführt worden sind. Der 13. August hatte auch die Bedeutung einer ernsten pädagogischen Lektion. In ihrem Ergebnis sprechen jetzt alle westlichen Regierungen davon, es sei notwendig, möglichst bald zu verhandeln. Selbst Herr Adenauer erklärte dieser Tage in einer Wahlversammlung, er sähe jetzt starke Voraussetzungen für Verhandlungen. In Westdeutschland ist jetzt in besonnenen Kreisen bewußt geworden, daß die Kraftmeierei der faschistischen und klerikalen Ultras in die Katastrophe führen kann. Der Herr Brandt, der sich bemüht hatte, Herrn Adenauer rechts zu überholen und bei diesem Bemühen im Graben der faschistischen Ultras landete, wird jetzt von den sozialdemokratischen Mitgliedern zur Ordnung gerufen. Sichtbar geworden ist auch, daß nicht die DDR sich in einer Krise befindet, wie sich manche Leute einbildeten, daß die DDR vielmehr fest auf den Füßen steht, daß aber die Revanchepolitik der Bonner Regierung, der westdeutschen und Westberliner Ultras in eine unheilbare Krise geraten ist.

Worterklärungen

prächtig – hier: herrlich, großartig; *besonnen* – überlegt, vorsichtig; *die Kraftmeierei, ./.* – Prahlerei mit der Stärke, demonstratives Sich-wichtig-Machen; *der Ultra, -s* – Anhänger/Vertreter einer extremen politischen Richtung; *sich einbilden* – sich fälschlich vorstellen, unberechtigt glauben.

12. Bearbeitungshinweise zu den Zusatztexten 3, 4 und 5

12.1 ▶ Notieren Sie bitte, **wann** (genaue Daten) die drei Verlautbarungen **von wem, wo, in welcher Form** und **zu welchen Zwecken** aufgesetzt wurden.

12.2 ▶ Auf welches im Orientierungsteil genannte Ereignis beziehen sich die Zusatztexte 3, 4 und 5?

12.3 ▶ Vergleichen Sie bitte die Äußerungen der drei Texte
(a) zu den Maßnahmen: Zusatztext 3, Zeile 2–6, 6/7; Zusatztext 4, Zeile 2.
(b) zu den Durchführenden und Verantwortlichen: Zusatztext 4, Zeile 5/6; Zusatztext 5, Zeile 2/3, 5.
(c) zum Ort des Geschehens: Zusatztext 3, Zeile 2/3, 5; Zusatztext 4, Zeile 2.
(d) zum Zeitpunkt des Geschehens: Zusatztext 4, Zeile 1; Zusatztext 5, Zeile 6.
(e) zu den Begründungen der Maßnahmen: Zusatztext 3, Zeile 1/2, 6; Zusatztext 4, Zeile 3–5, 5–7; Zusatztext 5, Zeile 6/7.
(f) zu den Ergebnissen und Konsequenzen der Maßnahmen: Zusatztext 4, Zeile 8–10; Zusatztext 5, Zeile 7–18.
Wie lassen sich Unterschiedlichkeiten der Aussagen erklären?

12.4 ▶ Nehmen Sie bitte zu dieser Äußerung (13. 8. 1961) von Willy Brandt, damals Regierender Bürgermeister von West-Berlin, Stellung:

> „Die vom Ulbricht-Regime auf Aufforderung der Warschauer Pakt-Staaten verfügten und eingeleiteten Maßnahmen zur Abriegelung der SBZ und des SBZ-Sektors von West-Berlin sind ein empörendes Unrecht. Sie bedeuten, daß mitten durch Berlin nicht nur eine Art Staatsgrenze, sondern die Sperrwand eines Konzentrationslagers gezogen wird.“

13. Zusatztext 6

Hier gilt es, nicht *von* der Freiheit, sondern *in* der Freiheit zu sprechen. Und gerade dazu gehört, daß wir auf Bekenntnisse mit Brustton verzichten. Wir klären vielmehr die Positionen – mit aufzeigbaren *Tatsachen*: auf den Vorwurf des Militarismus bittet der Fahrtleiter seine Gesellschaft: „Mal Hand hoch, wer von Ihnen schon einmal ein Gewehr in der Hand gehabt hat!" – Einer! und an die Funktionärin gewendet: „Wie würde das bei Ihnen aussehen?" – Oder mit *Definitionen*: für euch in der DDR heißt „Demokratie" Herrschaft *für* das Volk – alles, was seinem erdachten kollektiven Wohl dient; und es gehört zu diesem Wohl, daß alle dazu gebracht werden, es anzuerkennen. Für uns ist Demokratie Minderheitenschutz, die Möglichkeit, daß ich unrecht habe, das Aushalten ohne endgültiges Wissen davon, was unser aller Wohl ist, und ein Mechanismus, wie man sich ohne Gewaltanwendung darüber einigen könnte. Oder: für euch heißt „Partei" ein Instrument, durch das die noch verschiedenen Interessen in das eine vorgefaßte Interesse eingeschmolzen werden; für uns die Möglichkeit, unsere Interessen nicht in der allgemeinen Notwendigkeit untergehen zu lassen. Oder: für euch heißt „Freiheit" Erfüllung der Geschichte; für uns heißt sie Offenheit der Geschichte. Oder: für euch heißt „Recht" die (gesetzliche) Ordnung, durch die der Staat (*dieser* Staat) sich vor seinen Feinden sichert; für uns heißt es der Konsensus, durch den die Gesetze entstehen, die vor dem Staat da sind und aus denen er selbst erst hervorgeht. Alle diese Unterschiede bestehen, und es gibt keinen Satz, den wir hier über die Novemberrevolution oder die Weimarer Republik oder das Dritte Reich oder die Bundesrepublik und die DDR reden, der nicht von diesen Unterscheidungen durchsetzt ist. Wir sprechen eine sehr verschiedene Sprache – und nur, wenn wir das wahrnehmen, wir und der andere, werden wir uns belehren, widerlegen oder verständigen können.

Worterklärungen

der Brustton, ./. – Pathos, gefühlvoller Nachdruck; *jmdn. zu etwas bringen* – jmdn. zu etwas veranlassen; *das Aushalten, ./.* – das Ertragen und Abwarten; *vorgefaßt* – hier: von vornherein festgelegt; *durchsetzt sein von* – vermischt sein mit, durchzogen sein von.

14. Bearbeitungshinweise zum Zusatztext 6

14.1 Beschreiben Sie die Situation, von der berichtet wird, und die Rollen der beteiligten Personen (Fahrtleiter, seine Gesellschaft, Funktionärin).

14.2 Welche (hier ausgelassene) Antwort auf die Frage Zeile 5/6 wird erwartet? Welche Funktion hat die Frage nach den *Tatsachen*?

14.3 Stellen Sie nochmals die *Definitionen* von *Demokratie, Partei, Freiheit, Recht* aus dem Text einander gegenüber. Diskutieren Sie die Unterschiede dieser Definitionen und damit der Begriffe.

14.4 Wofür ist die Unterschiedlichkeit der Begriffe symptomatisch?

14.5 Was bedeutet die dargestellte Auseinanderentwicklung der Begriffssysteme im Hinblick auf die in anderen Texten angesprochene Teilung Deutschlands und auf die Forderungen nach Wiedervereinigung?

15. Aufgaben zum Textvergleich

15.1 ▶ Nennen Sie noch einmal in je einem Satz die Themen jedes Textes dieser Arbeitseinheit.

15.2 ▶ Suchen Sie aus dem Ausgangstext, den Zusatztexten 1, 4, 6 und dem Zitat unter Punkt 12.4 heraus, wie die jeweiligen Verfasser die DDR, die dortige Regierung und Bevölkerung bezeichnen. – Welche in den Texten nicht vorkommenden Bezeichnungen kennen Sie außerdem?

15.3 ▶ Aus welchen Gründen wurde der „andere deutsche Staat" nicht als DDR bezeichnet? Was sollen die anderen Namen signalisieren? Warum lehnen staatliche Stellen der Bundesrepublik Deutschland für ihr Land eine Abkürzung ab?

15.4 ▶ Die Texte dieser Arbeitseinheit haben explizit/implizit viele gemeinsame Themenbereiche. Belegen Sie solche mit Textstellen aus

(a) Zusatztext 1, 2, 6	– Hitler-Regime
(b) Ausgangstext 1, 2; Zusatztext 1, 2	– Kriegsfolgen
(c) Ausgangstext 1, 2; Zusatztext 1, 2, 6	– Teilung Deutschlands
(d) Ausgangstext 1; Zusatztext 1, 3, 4, 5	– Berlin-Problem
(e) Ausgangstext 1; Zusatztext 1, 3	– Flüchtlingsfrage
(f) Ausgangstext 1, 2; Zusatztext 1, 4	– Wiedervereinigung
(g) Ausgangstext 1, 2; Zusatztext 1, 2, 5	– Aufrüstung/Kriegsgefahr.

16. Aufgaben zum kapitelübergreifenden Themenvergleich

16.1 ▶ Die Texte der Arbeitseinheit 4 machen deutlich, daß nach dem Kriegsende zwei deutsche Staaten aufgebaut wurden, die sich aufgrund ihrer unterschiedlichen Gesellschaftsordnung und ihrer machtpolitischen Ausrichtung geradezu feindlich gegenüberstanden. Stellen Sie aus den bisherigen Orientierungsteilen Daten zusammen, die diesen Prozeß belegen. Welche dieser Daten charakterisieren besonders die Ostintegration der DDR bzw. die Westintegration der Bundesrepublik Deutschland? Erläutern Sie Ihre Auswahl.

16.2 ▶ Im Zusatztext 6, Zeile 9–12 dieser Arbeitseinheit wird eine Definition für das Verständnis von *Demokratie* in der Bundesrepublik Deutschland gegeben. Lesen Sie diese Definition noch einmal genau und beantworten Sie kurz die folgenden Fragen:
(a) Wodurch ist der *Minderheitenschutz* geregelt?
(b) Wer stellt fest, *daß ich unrecht habe*?
(c) Was ist die Basis für *unser aller Wohl* in der Bundesrepublik?
(d) Welcher *Mechanismus* soll für Demokratie sorgen?
(e) Wofür ist es allgemein wichtig, *sich* zu *einigen*?

16.3 ▶ Was verstehen Sie unter *Demokratie*? Was kennzeichnet eine Demokratie? Notieren Sie Ihre Auffassung dazu.

16.4 ▶ In verschiedenen Textstellen werden Hinweise gegeben

(a) zur Institutionalisierung der Demokratie in der Bundesrepublik Deutschland
(b) zu Rechtsprechung und einzelnen Interessen(verbänden)
(c) zur Entwicklung der Wirtschaft in der Bundesrepublik Deutschland
(d) zur (Selbst-)Einschätzung des politischen Systems der Bundesrepublik Deutschland
(e) zu den Beziehungen der Menschen in der Bundesrepublik.

Lesen Sie folgende Textstellen und ordnen Sie sie den Kategorien (a) bis (e) zu. Beachten Sie dabei eventuelle Überschneidungen der verschiedenen Bereiche und die Möglichkeit der Zuordnung einzelner Aussagen zu mehreren Kategorien. Dabei spielen auch die Entstehungsbedingungen der Texte eine Rolle.

Arbeitseinheit 4:	Zusatztext 1, Zeile 12–18, 23–26; 1. Ausgangstext, Zeile 3–5.
Arbeitseinheit 3:	Zusatztext 4, Zeile 7/8; Zusatztext 3, Zeile 18–21; Zusatztext 2, Zeile 10–16, 28–31, 36–39; Zusatztext 1, Zeile 6–8, 19–24; Ausgangstext, Zeile 30–39.
Arbeitseinheit 2:	Zusatztext 2, Zeile 1–4, 4–8, 20/21; Zusatztext 1, Zeile 2–8, 17–20, 23–26; Ausgangstext, Zeile 5–10, 14/15, 24–26, 30–32.
Arbeitseinheit 1:	Zusatztext 2, Zeile 8–10; Zusatztext 1, Zeile 6–8, 18–23; Ausgangstext, Zeile 22–32, 56/57.

16.5 ▶ Formulieren Sie nun zu jeder Kategorie einige Sätze als zusammenhängende Aussage, die sich auf die oben genannte Definition von *Demokratie* bezieht.

17. Lernerfolgskontrolle

17.1 ▶ Lesen Sie den folgenden Text bitte zuerst ganz durch:

Im Jahre 1955 wurde die ... unter Bundeskanzler ... Mitglied der ...; die DDR trat ein Jahr später dem neu gegründeten ... bei. Durch das Militärbündnis mit dem West- bzw. Ostblock erschien die deutsche ... endgültig. Trotzdem gaben beide Regierungen zahlreiche Erklärungen ab, daß man die ... anstrebe. Aber auch auf wirtschaftlichem Gebiet entwikkelten sich ... völlig gegensätzlich. In den Jahren ... erlebte nämlich die Wirtschaft der Bundesrepublik Deutschland – u. a. auch mit Hilfe der über ... (Zahl) Flüchtlinge aus der DDR – einen so rapiden Aufschwung, daß man von einem ... sprach. Für die Wirtschaft der DDR bedeutete die Abwanderung so vieler Arbeitskräfte einen hohen Verlust. Veranlaßt von den übrigen ... -Staaten, beschloß die DDR den Bau der ... durch Berlin am ... . Dies löste in der Bundesrepublik große Empörung über den von ihr als ... bezeichneten Staat aus, hatte vor allem aber wirtschaftliche Folgen. Das kann man an dem im Herbst 1961 beginnenden Zustrom von damals angeworbenen ... ablesen.

17.2 ▶ Fügen Sie die fehlenden Namen, Begriffe, Daten, Zahlen ein.

17.3 ▶ Bilden Sie mit jeder der eingesetzten Angaben einen landeskundlich informativen Satz.

17.4 ▶ Schreiben Sie auf der Grundlage der Ergebnisse aus dem vorangegangenen Abschnitt 16. eine kurze kritische Stellungnahme zu dem Thema:
12 Jahre Bundesrepublik Deutschland – Zur Entwicklung ihrer Demokratie.

Arbeitseinheit 5

Zum Kulturleben in der Bundesrepublik Deutschland

Inhaltliche Lernziele:

- In (literarischen) Texten verschiedene Erscheinungsformen des kulturellen Lebens in der Bundesrepublik Deutschland kennenlernen sowie künstlerische und ethische Interessen.
- Sich anhand von Texten und anderen Materialien Informationen zum Ende des Kalten Krieges und zur ersten Krise 1964 bis 1967 erarbeiten.

Methodische Lernziele:

- Informationsdefizite in bezug auf Textinhalte feststellen.
- Relevante Aspekte der Texterschließung auswählen.
- Einen Inhalt in Stichwörtern fixieren.

1. Orientierungsteil

1964	Jan.	Diplomatische Anerkennung der VR China durch Frankreich.
	Aug.	US-Aktionen gegen Nord-Vietnam.
	Okt.	Chruschtschow-Sturz. Ministerpräsidenten richten Deutschen Bildungsrat ein.
	Nov.	Gründung der NPD.
1965	Feb.	Dauerbombardierung Nord-Vietnams.
	März	Bundestag verlängert Verjährungsfrist für NS-Verbrechen.
	Juli	Frankreich verläßt EWG-Ministerrat. Neue Abrüstungsverhandlungen in Genf.
	Sep.	Wahlen: Erhard bleibt Bundeskanzler.
1966	März	Frankreich verläßt NATO.
	Okt.	FDP scheidet aus Bundesregierung aus.
	Nov.	CDU/CSU und SPD: Große Koalition, Kiesinger Kanzler, Brandt Außenminister.
1967	Jan.	Bundesrepublik Deutschland–Rumänien: diplomatische Beziehungen.
	Feb.	Über 500000 Arbeitslose. 1. Konzertierte Aktion.
	Apr.	Militärputsch in Griechenland.
	Juni	3. israelisch-arabischer Krieg.
	2. Juni	Anti-Schah-Demonstration: B. Ohnesorg erschossen.
	Okt.	Che Guevara erschossen.

2. Ausgangstext

Wer wird das vorliegende Buch wirklich lesen? Ich hoffe, nicht nur die Historiker, denen sich ein paar Haare sträuben mögen. Sogar mir als historischem Laien fallen die Lücken auf, die hier beängstigend hurtig übersprungen worden sind: Ahlener Programm, Währungsreform, Berliner Blockade, Wehrdebatte, Fall Globke. Ich weiß nicht, was sonst noch übersprungen worden ist, mögen die Archive sich öffnen, mag die Kontroverse beginnen. Ich hoffe, auch Philologen und Philosophen, vor allem aber Hirten und Oberhirten aller Konfessionen werden sich spornstreichs zu dieser Quelle begeben, um unmittelbar zu schmecken, welcher Sprache, wes Geistes Kind der ist, den zu wählen, wieder- und wiederzuwählen sie uns so eifrig aufgefordert haben.
Ich weiß nicht, ob die Hirten und Oberhirten der verschiedenen Konfessionen noch an ethischen Fragen interessiert sind, aber sein könnte es ja, und dann könnte der Fall eintreten, daß Konrad Adenauers Erstling in die Kategorie der jugendgefährdenden Schriften eingereiht würde. Es sei denn, eine solche Einübung in Materialismus, Opportunismus, Pragmatismus und Zynismus werde der Jugend sogar zur moralischen Aufrüstung empfohlen, denn natürlich rollen da im trägen Fluß dieser nicht etwa trockenen, sondern ganz und gar vertrockneten, armseligen Prosa Vokabeln mit wie „christlich-abendländisch" und „christliche Ideale"; versuchte aber ein jugendlicher Leser herauszubekommen, worin denn dieses „christliche Abendland", woraus diese „christlichen Ideale" bestehen, er würde nicht viel mehr finden als: Privatbesitz, eine starke Armee, jenen zu verteidigen, und: nicht nur nicht Kommunist, sondern auch kein Sozialist zu sein. Mag sein, daß manchen diese Magermilch der frommen Denkungsart genügt.

Worterklärungen

die Haare sträuben sich einem – ..., wenn man entsetzt ist; *hurtig* – eifrig und schnell; *spornstreichs* – eilig, sofort, geradewegs; *wes Geistes Kind ist jmd.* – welche Gesinnung hat er, auf welchem geistigen Niveau steht er; *der Erstling, -e* – hier: das erste Buch; *die Milch der frommen Denkungsart* – friedliche Gesinnung; bürgerlich-harmlos-frömmelnde Einstellung.

3. Aufgaben zum Leseverständnis des Ausgangstextes

▶ Stellen Sie Fragen, mit deren Hilfe man den Text inhaltlich erfassen kann. Benutzen Sie dabei die folgenden Stichwörter. Achten Sie auf die besondere Sprachverwendung des Autors.
- Gruppen von möglichen Lesern (Zeile 1, 2, 6/7, 15, 19)
- auffallende Lücken (Zeile 3/4)
- Aufforderung zur Wahl (Zeile 6–10)
- Jugendgefährdung (Zeile 12–16)
- Stil der Prosa (Zeile 16/17)
- Problem der *„christlichen Ideale"* (Zeile 18–23)

Beantworten Sie die von Ihnen formulierten Fragen eng am Text.

4. Aufgaben zur Texterschließung des Ausgangstextes

4.1 ▶ Zweckmäßigerweise sollten Sie sich zuerst mit dem Verfasser und der Darstellungsweise des Ausgangstextes befassen. (Lösung S. 123f.)

4.1.1 Stellen Sie fest, wer der Verfasser ist, und schreiben Sie eine Kurzbiographie. (**Anhang I**; **Anhang II**: C, X).

4.1.2 Mit welchem Thema (Gegenstand) beschäftigt sich der Verfasser? (**Anhang I**).

4.1.3 Um was für eine Textsorte handelt es sich bei dem Ausgangstext?

4.1.4 Nach welchen Kriterien betrachtet der Verfasser seinen Gegenstand?

4.1.5 Beschreiben Sie Stilzüge des Ausgangstextes.

4.1.6 Stellen Sie Vermutungen darüber an, welche Intention der Autor mit diesem Text verfolgt. Belegen Sie Ihre Mutmaßungen am Text und mit Ihrem Vorwissen.

4.2 ▶ Verfahren Sie zur weiteren Erschließung des Ausgangstextes so, wie Sie es in den anderen Arbeitseinheiten getan haben. (Lösung S. 124f.)

4.2.1 Welche Aspekte sollten zur Erschließung dieses Textes herangezogen werden? Wählen Sie sie aus Ihrem Katalog aus. Fügen Sie, wenn nötig, weitere Aspekte hinzu.

4.2.2 Begründen Sie Ihre Auswahl anhand des Textes, indem Sie den Erschließungsaspekten Stichwörter aus dem Ausgangstext zuordnen.

4.2.3 Welche Fragen ergeben sich aus den Stichwörtern? Formulieren Sie diese Fragen.

4.2.4 Welche Fragen können textimmanent beantwortet werden?

4.2.5 Mit welchen Hilfsmitteln (s. **Anhang II**) können Sie die fehlenden Informationen erhalten?

4.3 ▶ Beschreiben Sie zusammenhängend Ihr methodisches Vorgehen bei der Erschließung des Ausgangstextes und zeigen Sie die von Ihnen erkannten Grenzen dieses Verfahrens auf.

5. Zusatztext 1

Es steht zur Wahl: eine verbrauchte Regierungskoalition, die von Parteien getragen wird, die innerlich zerstritten sind und bewiesen haben, daß sie keiner seriösen Initiative mehr fähig sind. Andererseits bieten die Sozialdemokraten ein reichgefächertes, bis ins letzte Detail belegtes Programm und gleichfalls eine überzeugende personelle Alternative. Es kann nicht meine Aufgabe sein, die SPD und ihr Programm unausgesetzt anzupreisen; Willy Brandt und Professor Schiller, Fritz Erler und Gustav Heinemann, Professor Schellenberg und Helmut Schmidt sind Männer, die ihre Sache zu vertreten wissen.

Worterklärungen

seriös – ernsthaft, anständig, respektabel; *unausgesetzt* – unaufhörlich, immerzu; *anpreisen* – öffentlich rühmen, loben (besonders Waren zum Verkauf).

6. Bearbeitungshinweise zum Zusatztext 1

6.1 Entnehmen Sie dem Text, zu welchem Anlaß die Äußerungen gemacht wurden.

6.2 Vergewissern Sie sich, von welchen Parteien die Rede ist und wie der Verfasser zu ihnen steht. Welche Gründe gibt er für seine Parteilichkeit an?

6.3 Sehen Sie im **Anhang I** nach, von wem und von wann der Zusatztext 1 stammt.

6.4 Machen Sie sich die Bedeutung dieses Satzes aus dem Jahr 1965 klar: *Das Erstaunen, daß ein Literat von seinem Parnaß heruntersteigt und sich in die Niederungen der Politik begibt, war allgemein, ...* . Setzen Sie dieses Zitat zum Text in Beziehung.

6.5 ▶ Beschreiben Sie, ob und wie Schriftsteller in Ihrem Land in die aktuelle Politik parteilich eingreifen.

6.6 ▶ Diskutieren Sie: Sollte sich ein Schriftsteller mit Parteipolitik befassen? Vertragen sich „Kultur“ und Tagespolitik?

7. Zusatztext 2

Die politischen Mächte in unserem Teilstaat haben sich umgebettet. Wenn wir im Bild bleiben wollen, ging das einerseits nicht ohne Knarren der Bettstatt, andererseits nicht ohne Schlafzimmergetuschel vonstatten. Was ich für eine „miese Ehe“ halte, wurde andernorts als „Vernunftehe“ gelobt; doch dem wird man hier wie dort zustimmen wollen: Eine „Liebesheirat“ ist es nicht gewesen. (...)

Wir stellen fest: Die CSU hat einen Bundeskanzlerkandidaten nominiert, der mit den Stimmen der CSU und CDU die Rivalen Schröder und Barzel aus dem Feld geschlagen hat. Kiesinger ist von 1933 bis 1945 Mitglied der NSDAP gewesen. Zwei sich christlich nennende Parteien haben damit einen Mann, den nur die übliche Unverschämtheit zum Widerstandskämpfer stilisiert, auf den Schild gehoben, der als Erwachsener voll verantwortlich gegen jede christliche Moral gehandelt hat. Das mag in Sachen CDU/CSU nicht allzu schwer wiegen; diese Parteien haben sich schließlich unter Konrad Adenauer einen Hans Globke geleistet.
Wir stellen fest: Die SPD hätte als größte und gefestigtste der drei koalierenden Parteien den Bundeskanzler stellen müssen. Das tat sie nicht; sie gab sich bescheiden und einigte sich allzu rasch auf Kiesinger. (...)

Wir werden prüfen, wie Kurt Georg Kiesinger und Herbert Wehner verantworten, was sie uns und dem Staat zumuten. Die nazistische Vergangenheit des einen und die totalitären Praktiken des anderen sind die Mitgift dieser seit dem 1. Dezember sich auswirkenden Großen Koalition. Wir werden prüfen, ob es Willy Brandt gelingt, seine Deutschlandpolitik – und sei es mit Hilfe wechselnder Mehrheiten, also mit den Stimmen der FDP – durchzusetzen.

Worterklärungen

umbetten – in ein anderes Bett legen; *das Knarren,* ./. – rauhes Geräusch bei Reibung (z. B. von Holz); *das Getuschel,* ./. – heimliches Flüstern; *mies* – schlecht, wertlos, schlimm; *jmdn. auf den Schild heben* – jmdn. zum Führer machen; *sich jmdn. leisten* – sich jmdn. erlauben; nicht schlimm finden, ihn bei sich zu haben; *jmdm. etwas zumuten* – zuviel (an Belastung) von jmdm. verlangen.

8. Bearbeitungshinweise zum Zusatztext 2

8.1 Beschäftigen Sie sich bitte im folgenden mit Aufgaben zum Texthintergrund.

8.1.1 Stellen Sie Verfasser, Erscheinungszeit und Form dieses Artikels fest (s. **Anhang I**).

8.1.2 Sehen Sie im Orientierungsteil dieser Arbeitseinheit nach, welche Vorgänge der Regierungsbildung und -umbildung in der betreffenden Zeit stattfanden.

8.1.3 Listen Sie die im Zusatztext 2 vorkommenden Namen von Politikern auf. Ordnen Sie sie mit Hilfe eines Nachschlagewerkes (s. **Anhang II**: E, I) den Parteien CDU und SPD zu.

8.1.4 Verbinden Sie die Äußerungen des Textes zu Kurt Georg Kiesinger und Aussagen in anderen Informationsquellen (s. **Anhang II**: E, I) zu einer kurzen Personenbeschreibung.

8.2 Untersuchen Sie bitte den Sprachgebrauch, der der Beschreibung politischer Phänomene dient.

8.2.1 Welche Bedeutung haben die im Zusatztext zusammenhängend gebrauchten sprachlichen Bilder *haben sich umgebettet, Knarren der Bettstatt, Schlafzimmergetuschel, miese Ehe, Vernunftehe, Liebesheirat, Mitgift*? Wie lassen sie sich auf die vom Text kommentierten politischen Vorgänge beziehen?

8.2.2 Bei der Beschreibung politischer Systeme und Zusammenhänge sind die Bilder *das Staatsschiff* und *das Staatsgebäude* üblich. Zerlegen Sie die Bilder in ihre Bestandteile (z. B. *Ruder*), und beziehen Sie sie auf politische Verhältnisse.

8.2.3 Welche Bilder zur Beschreibung staatlicher Ordnungen werden in Ihrem Land verwendet? Erläutern Sie sie bitte.

9. **Zusatztexte 3 und 4**

Günter Eich: Huhu

Wo die Beleuchtung beginnt,
bleibe ich unsichtbar.
Aus Briefen kannst du mich nicht lesen
und in Gedichten verstecke ich mich.

Den letzten Schlag
gab ich euch allen.
Mich triffst du nicht mehr,
solang ich auch rufe.

Günter Eich: Verspätung

Da bin ich gewesen
und da,
hätte auch dorthin fahren können
oder zu Haus bleiben.
Ohne aus dem Hause zu gehen,
kannst du die Welt erkennen.
Laotse begegnete mir
früher als Marx.
Aber eine gesellschaftliche Hieroglyphe
erreichte mich im linken Augenblick,
der rechte war schon vorbei.

10. **Bearbeitungshinweise zu den Zusatztexten 3 und 4**

10.1 Wer ist der Autor dieser Texte? Wann wurde er geboren? Nennen Sie andere Autoren ungefähr des gleichen Jahrgangs (**Anhang II**: X).

10.2 Um was für eine Textsorte handelt es sich hier?

10.3 Wann sind die Texte entstanden bzw. zuerst erschienen? (**Anhang I**).

10.4 Beschäftigen Sie sich mit dem Sprachgebrauch des Autors, indem Sie innerhalb jedes Textes Wörter einander paarweise gegenüberstellen.

Beispiel: *Beleuchtung – unsichtbar*
Wie sind die Wörter einander zugeordnet? Was drücken diese Zuordnungen aus?

10.5 Wie wird das Wort *Huhu* in der Umgangssprache verwendet? Welche inhaltliche Funktion hat es in bezug auf Zusatztext 3?

10.6 Welche Art von *Verspätung* ist in Zusatztext 4 gemeint?

10.7 Interpretieren Sie die beiden Gedichte unter Einbeziehung Ihrer Sprachuntersuchungen nun unter dem Gesichtspunkt **Verhältnis des Autors zur sozialen Umwelt.**

10.8 Schreiben Sie selbst ein kurzes Gedicht, das Ihr Verhältnis zu Ihrer Umwelt ausdrückt.

11. **Zusatztext 5**

Der Gegensatz zwischen Zivilisation und Kultur gehört zur deutschen Tradition der Innerlichkeit, die ihrerseits in bestimmten sozialen und politischen Voraussetzungen wurzelt; in der „verspäteten Nation" hat sich kein positives Verhältnis zur Öffentlichkeit und zur Gesellschaft herausgebildet, und Kultur wurde zum Ausdruck der inneren Werte, die man durch den äußeren, den technischen Fortschritt gefährdet sah, zum „schlechten Gewissen von Zivilisation". Zivilisation andererseits wurde zum Nur-Äußerlichen – sei es daß man sie als „Altersstufe" und Entartungsform der Kultur verstand, sei es daß man sie einfach typologisierend der Kultur gegenüberstellte: Zivilisation als das Nützliche, Kultur als das Schöne; Zivilisation als verwaschene Allgemeinheit, Kultur als nationale Prägung; Zivilisation als materiell, Kultur als immateriell; Zivilisation als quasi physische Erscheinung, Kultur als Produkt des Geistes; Zivilisation als das Niedrige, Kultur als das Hohe. (...)

[In den Kulturwissenschaften, etwa der Germanistik, der Ethologie, der Politikwissenschaft,] zeichnet sich eine Entwicklung ab, die allmählich den deutschen Kulturbegriff verändern und das Bewußtsein dafür schärfen dürfte, daß Kultur auch und gerade all jene Selbstverständlichkeiten des Denkens und des Sich-verhaltens sind, die sich weder durch besondere Feierlichkeit noch durch Exklusivität auszeichnen, die aber das Leben ganz wesentlich konstituieren.

Zur inhaltlichen Erklärung

Tradition der Innerlichkeit, ... (Zeile 1/2) – Im 19. Jh. hatte der größte Teil des Bürgertums sehr wenig politischen und gesellschaftlichen Einfluß. Deshalb beschäftigte es sich vorwiegend mit seiner „inneren Bildung", mit für ewig gültig gehaltenen Kulturprodukten.

Worterklärungen

die Entartung, -en – Degeneration, Dekadenz; *immateriell* – nicht materiell, geistig; *die Ethologie, ./.* – Lehre von den Sitten, Gebräuchen und moralischen Auffassungen eines Volkes.

12. **Bearbeitungshinweise zum Zusatztext 5**

12.1 Schlagen Sie Definitionen von *Kultur* und *Zivilisation* nach, z. B. im **Anhang II:** A, B, F, und vergleichen Sie diese miteinander.

12.2 Erläutern Sie anhand des Textes und der **inhaltlichen Erklärung,** was mit der *deutschen Tradition der Innerlichkeit* gemeint ist.

12.3 Vergegenwärtigen Sie sich, wann das *Deutsche Kaiserreich* endete und wann zum ersten Mal in Deutschland eine Republik eingeführt wurde (**Anhang II**: C, D, E). Ziehen Sie einen Vergleich z. B. zu Frankreich, zu den USA usw. Erläutern Sie mit Hilfe dieser Informationen den Begriff *verspätete Nation.*

12.4 ▶ Welcher Kategorie – der Kultur oder der Zivilisation – müßten die folgenden Gegenstände oder Erscheinungsformen des Alltagslebens in der Bundesrepublik nach der beschriebenen traditionellen Unterscheidung eher zugeordnet werden:
Gottesdienst – Fernsehprogramm – Chemieunterricht – Blumenstrauß – Büroschreibtisch – Nachrichtensendung – Barockmöbel – Familienphoto – Jeans – Jazz-Konzert – Zeitung – Tanz in einer Diskothek – Auto – Demonstration – Bibliothek – Palast.

12.5 ▶ Welche Themenbereiche würden Sie auswählen, wenn Sie ein Buch über deutsche Kultur verfassen wollten?

13. Zusatztext 6

Angesichts der Beat-Welle und einer in den Augen der Erwachsenen mehr und mehr entgleisenden Jugend blieb dem deutschen Schlager nichts anderes übrig, als den Ruf nach der verlorengegangenen heilen Welt laut werden zu lassen. (...) Marktlücken waren nämlich am ehesten dort zu vermuten, wo der Beat als Ausdruck einer neuen oppositionellen Lebenshaltung an den noch intakten und daher nach außen relativ geschlossenen Primärgruppen breiter Bevölkerungsschichten zunächst abprallte.
Diese Erkenntnis hatte für die deutschen Musikproduzenten im wesentlichen drei Konsequenzen: Einmal galt es, den scheinbar verwahrlosten Beat-Idolen nette, grundanständig wirkende Interpretentypen entgegenzusetzen, zweitens mußte der verhältnismäßig harte und wilde Stil der internationalen Pop-Music durch extrem weiche, gefühlsselige Arrangements unterlaufen werden, und schließlich war es notwendig, die im deutschen Sprachraum meist unverstandenen, aber aufgrund ihrer Präsentation stets irgendwie aufsässig klingenden englischen Texte durch eher zurückhaltend vorgebrachte, deutschsprachige Reime mit vorwiegend romantisierenden Inhalten abzulösen.

[Der damals 12jährige Heintje trat am 21. Dezember 1967 mit seinem Lied „Mama" in einer Fernseh-Show von ZDF, ORF und SRG auf:]

Mama, Du sollst doch nicht um Deinen Jungen weinen.
Mama, bald wird das Schicksal wieder uns vereinen.
Ich werd es nie vergessen,
was ich an Dir hab besessen,
daß es auf Erden nur eine gibt,
die mich so heiß hat geliebt;
Mama, und bringt das Leben mir auch Kummer und Schmerz,
dann denk ich nur an Dich,
es betet ja für mich, o Mama, Dein Herz.

Tage der Jugend vergehen,
schnell wird der Jüngling ein Mann.
Träume der Jugend verwehen,
dann fängt das Leben erst an.
Mama, ich will keine Tränen seh'n,
wenn ich von Dir dann muß geh'n:

Mama, Du sollst doch nicht um Deinen Jungen weinen.
(...)

Worterklärungen

entgleisen – aus dem Gleis/der Bahn geraten, hier: vom richtigen Weg abkommen; *intakt* – unbeschädigt, unberührt; *abprallen von* – hier: keinen Eindruck machen auf, nicht aufgenommen werden, zurückgewiesen werden; *verwahrlost* – schmutzig, ungepflegt, äußerlich und moralisch verdorben; *gefühlsselig* – ganz dem Gefühl hingegeben; *das Arrangement, -s* – Bearbeitung eines Musikstücks für (andere) Instrumente; *unterlaufen* – hier: fast unbemerkt verdrängen; *aufsässig* – trotzig, rebellisch.

14. **Bearbeitungshinweise zum Zusatztext 6**

14.1 Der *Schlager* wird im Zusatztext 6 den internationalen Musikprodukten gegenübergestellt. Charakterisieren Sie bitte diese deutsche Form der populären Musik nach
- ihren Interpreten
- dem musikalischen Stil
- ihren Texten
- ihren Inhalten
- ihrem (sozialen) Adressatenkreis
- den sie steuernden ökonomischen Überlegungen.

14.2 Äußern Sie sich bitte zu dem Liedtext im Zusammenhang mit den folgenden Stichpunkten:
- intakte (fast erotische) Mutter-Sohn-Beziehung
- wohlmeinendes Schicksal
- Relativierung schlechter Erfahrungen durch Verbundenheit Mutter–Sohn
- Mutter wie eine fürsprechende Schutzheilige
- allgemein erfahrbare Lebensrhythmen Jugend–Erwachsensein
- Verlassen der Mutter (der Familie) als Notwendigkeit
- Verdeckung des Generationskonflikts
- Appell an den Wunschtraum einer heilen Mutter-Sohn-Beziehung.

Bedenken Sie bei der Interpretation die beiden Zeitangaben:
21. Dezember (kurz vor Weihnachten) *1967* (deutliche Anzeichen für Auseinanderbrechen von Jugend- und Erwachsenenwelt).

14.3 Geben Sie an, welche – ähnlichen oder andersartigen – Musikprodukte in deutscher Sprache Sie kennen.

15. **Aufgaben zum Textvergleich**

15.1 ▶ Führen Sie bitte noch einmal die Themen der Texte in dieser Arbeitseinheit überschriftenartig auf.

15.2 ▶ Sowohl Böll (im Ausgangstext) als auch Grass (im Zusatztext 2) beziehen sich auf *Christliches*. Dieser gemeinsame Themenbereich ist Anregung für folgende Aufgaben und Überlegungen:

15.2.1 Suchen Sie die Textstellen heraus, in denen sich die Verfasser zu Moral, Religion und Kirche äußern.

15.2.2 Erläutern Sie mit Hilfe Ihres Vorwissens und durch Hilfsmittel einige eigentliche christliche Ideale, Inhalte christlicher Ethik und Moral.

15.2.3 Finden Sie anhand der Texte heraus, ob Böll und Grass sich gegen solche eigentlichen christlichen Vorstellungen wenden.

15.2.4 Weisen Sie auf der Grundlage der Texte nach, wen und was die Autoren kritisieren und angreifen. Welche Vorwürfe machen sie? Aus welchen Gründen?

15.2.5 Sie konnten sich in den vorhergehenden Arbeitseinheiten einen Einblick in die politischen Verhältnisse in der Bundesrepublik verschaffen. Diskutieren Sie, inwiefern die Kritik, die Böll und Grass äußern, gerechtfertigt oder ungerechtfertigt erscheint.

15.3 ▶ Welche gemeinsamen – expliziten und impliziten – Themenbereiche haben die Texte? Notieren Sie themengleiche Textstellen und formulieren Sie Fragen dazu, die zu einem Vergleich auffordern.

Beispiel: Ausgangstext, Zeile 1–3; Zusatztext 1, Zeile 5–8; Zusatztext 2, Zeile 6, 14, 17, 20; Zusatztext 4, Zeile 9–11; Zitat unter Abschnitt 6.4:
Politisierung von kulturell repräsentativen Persönlichkeiten – – – Wie verhalten sich die Verfasser zur Frage der Beteiligung von Schriftstellern an der Tagespolitik?

16. Aufgaben zum kapitelübergreifenden Themenvergleich

Im Ausgangstext dieser Arbeitseinheit wird auf ironische Art und Weise die Frage aufgeworfen, ob die Repräsentanten des kulturellen und geistigen Lebens in der Bundesrepublik Deutschland, besonders die Kirchen, überhaupt an ethischen Dingen interessiert seien (Zeile 11/12). Mit moralischen Vorstellungen, *christlichen Idealen* befassen sich ferner die Textstellen Zeile 14–16 und Zeile 20–23 (Ausgangstext). Derartige Bemerkungen legen es nahe, sich mit den Wertvorstellungen zu beschäftigen, die sich in der Bundesrepublik seit Kriegsende bis Mitte der 60er Jahre entwickelt hatten.

16.1 ▶ Der Entwicklung der Bundesrepublik zeitlich vorausgegangen war der Faschismus.

16.1.1 Tragen Sie implizite und explizite Hinweise auf die faschistische Vergangenheit der Deutschen aus den Texten zusammen:

Arbeitseinheit 4: Ausgangstext 1, Zeile 5–8; Zusatztext 1, Zeile 6–8; Zusatztext 2, Zeile 10; Zusatztext 5, Zeile 10–12; Abschnitt 13.4;

Arbeitseinheit 5: Zusatztext 2, Zeile 8–11, 12/13, 17/18.

16.1.2 Diskutieren Sie aus Ihrem Vorwissen heraus, welche Einstellungen der Bevölkerung durch den Nationalsozialismus als „Werte“ vermittelt wurden.

16.2 ▶ Folgende Textstellen weisen auf das Ziel der Umerziehung der Deutschen nach dem Ende der Nazi-Herrschaft hin:
Arbeitseinheit 1: Ausgangstext, Zeile 24 und Arbeitseinheit 3: Zusatztext 3, Zeile 18–21.

16.2.1 Suchen Sie diese Textstellen heraus und entnehmen Sie ihnen, worin die Umerziehung der Deutschen in den ehemaligen Westzonen bestehen sollte.

16.2.2 Diskutieren Sie: Inwiefern war die Umerziehung der Deutschen ein (wessen?) wesentliches Ziel? Wodurch wurde sie erschwert? (zur Vorbereitung s. **Anhang II**: K, V, Z).

16.3 ▶ In den Texten der Arbeitseinheiten werden die unterschiedlichsten Wertvorstellungen erwähnt und die Art, wie sie sich in der bundesdeutschen Alltagskultur manifestieren:

- im politischen Bereich die *Einheit Deutschlands in Frieden und Freiheit* (Arbeitseinheit 4: Ausgangstext 1, Zeile 14/15), die Zugehörigkeit zur *Schutzgemeinschaft der freien Welt* (Arbeitseinheit 4: Zusatztext 1, Zeile 15) u. a.
- für das Wirtschaftsleben z. B. die *soziale Marktwirtschaft* (Arbeitseinheit 1: Ausgangstext, Zeile 29) und die Priorität des *wirtschaftlichen Wiederaufbaus* (Arbeitseinheit 1: Ausgangstext, Zeile 8).
- als soziale Werte (positiv oder negativ beurteilt) *familiäre Bindungen* (Arbeitseinheit 3: Zusatztext 1, Zeile 3), die *Leistungsgesellschaft* (Arbeitseinheit 3: Zusatztext 2, Zeile 38) usw.
- im Privatleben materielle Werte wie *Geld zu verdienen* (Arbeitseinheit 3: Zusatztext 2, Zeile 19/20), *eine bequeme, moderne Wohnung* (Arbeitseinheit 3: Zusatztext 3, Zeile 14/15).
- an ethischen Werten *Menschenwürde* (Arbeitseinheit 2: Zusatztext 2, Zeile 15/16), *Glück und Zufriedenheit* (Arbeitseinheit 3: Zusatztext 4, Zeile 6) etc.

16.3.1 Suchen Sie weitere Textstellen (genaue Angaben!) heraus, die Werte im politischen, wirtschaftlichen, sozialen, materiellen und ethischen Bereich benennen. (Gruppenarbeit)

16.3.2 Stellen Sie Überlegungen dazu an, wie diese Werte entstanden sind und warum sie in der Bundesrepublik Deutschland eine Rolle spielen. (Gruppenarbeit)

16.3.3 Tragen Sie Ihre Ergebnisse vor.

16.3.4 Diskutieren Sie, welche Werte in einer Gesellschaft (was für einer?) entscheidend sein sollten.

Arbeitseinheit 6

Zum Bildungssystem in der Bundesrepublik Deutschland

Inhaltliche Lernziele:

- Kenntnisse über das Bildungssystem in der Bundesrepublik Deutschland und bildungsreformerische Ansätze erwerben.
- Sich aus der Zeit der Studentenbewegung und des Machtwechsels 1967 bis 1969 Informationen beschaffen.

Methodische Lernziele:

- Die erworbenen Erschließungstechniken absichern.
- Thematische Gemeinsamkeiten von Texten innerhalb der Arbeitseinheit in Stichwörtern fixieren.
- Verschiedene Themenbereiche der vorangegangenen Arbeitseinheiten unter einem neuen Gesichtspunkt zusammenfassen.

1. **Orientierungsteil**

1968	Jan.	Erneut diplomatische Beziehungen Bundesrepublik Deutschland–Jugoslawien. Demonstrationen gegen US-Intervention in Vietnam.
	März	Liberalisierung in der CSSR („Prager Frühling“).
	11. Apr.	Mordanschlag auf R. Dutschke in West-Berlin, Anti-Springer-Kampagne.
	Mai	„Pariser Mai“ Studentenaufstand (Gewerkschaftsunterstützung). Trotz großer Demos Riesenmehrheit für Notstandsgesetze (30. 5.) im Bundestag.
	Juli	Atomwaffensperrvertrag Großbritannien, UdSSR, USA. Zollunion der EWG. Entwurf des hessischen Hochschulgesetzes (Habermas u. a.).
	21. Aug.	Warschauer-Pakt-Invasion CSSR.
	26. Sep.	Gründung der DKP.
	Nov.	USA: Sieg Nixons. B. Klarsfeld ohrfeigt Kiesinger wegen Nazivergangenheit.
1969	Jan.	GG-Änderung: Verfassungsbeschwerde einzelner Bürger erlaubt.
	März	Heinemann Bundespräsident.
	Apr.	Frankreich: Rücktritt de Gaulles.
	Juli	US-Astronauten auf dem Mond.

1969	Sep.	Streikwelle in der Bundesrepublik Deutschland. Wahlen (28. 9.): SPD/FDP-Koalition, Brandt Kanzler, Scheel Außenminister.
	Okt.	DM-Aufwertung. Ca. 1,5 Millionen „Gastarbeiter".
	Nov.	USA–UdSSR: SALT Verhandlungen, Bundesregierung unterzeichnet Atomwaffensperrvertrag.
	Dez.	Gipfelkonferenz der EWG-Staaten.

2. Ausgangstext

Das deutsche Bildungssystem, das im 19. Jahrhundert nicht nach demokratischen, sondern nach ständisch-obrigkeitsstaatlichen Ordnungs- und Bildungsvorstellungen gestaltet worden ist, hat unter den damals herrschenden gesellschaftlichen Bedingungen und den Maßstäben jener Zeit bemerkenswerte, in aller Welt anerkannte Leistungen erbracht.

Den gegenwärtigen gesellschaftlichen Entwicklungen wird dieses System jedoch trotz mancher Teilreformen und vieler Einzelkorrekturen nicht mehr gerecht. Weder trägt es dazu bei, das Recht auf Bildung zu verwirklichen, noch erfüllt es die Forderung nach Modernisierung und Demokratisierung.

Für eine Bildungsreform in den nächsten Jahrzehnten müssen deshalb folgende allgemeine Ziele angestrebt werden:

1. Oberstes Ziel ist ein demokratisches, leistungs- und wandlungsfähiges Bildungssystem, das jedem Bürger von der Vorschulerziehung bis zur Weiterbildung zu seiner persönlichen, beruflichen und politischen Bildung offensteht.

2. Der Verfassungsgrundsatz der Chancengleichheit muß durch eine intensive und individuelle Förderung aller Lernenden in allen Stufen des Bildungssystems verwirklicht werden.

Bildung soll den Menschen befähigen, sein Leben selbst zu gestalten. Heranwachsende Menschen müssen dabei die Möglichkeiten größerer Beweglichkeit und Freiheit erfahren, damit sie für sich selbst sinnvoll zu wählen lernen. Bildung soll durch Lernen und Erleben demokratischer Werte sowie durch Einsicht in die gesellschaftliche Entwicklung und ihre Veränderungen eine dauerhafte Grundlage für freiheitliches Zusammenleben schaffen. Bildung soll Freude an selbständiger schöpferischer Arbeit wecken.

3. Um diese Ziele zu erreichen, muß die Trennung zwischen den Schularten und zwischen den Hochschulformen abgebaut werden. Mit der Entwicklung eines umfassenden integrierten und differenzierten Gesamtschul- und Gesamthochschulsystems soll in der Bundesrepublik ein demokratisches und effizientes Bildungswesen entstehen, wie es in den letzten Jahrzehnten ähnlich in anderen demokratischen Industriestaaten geplant und aufgebaut worden ist. (...)

5. Die Hochschule der Zukunft muß durch eine Studienreform umgestaltet werden, die den Entwicklungen von Wissenschaft und Gesellschaft inhaltlich und didaktisch Rechnung trägt. Sie muß zu einer integrierten Gesamthochschule ausgebaut werden. Ihre Kapazität wird in den nächsten zehn Jahren auf mehr als das Doppelte erweitert werden müssen. Hierarchische Strukturen und Organisationsformen sind abzubauen. Die Autonomie der Hochschule ist zu stärken. Ziel dieser Reform muß es sein, allen in Lehre und Forschung Tätigen bei gleichen Aufgaben auch gleiche Rechte zu geben und alle Angehörigen der Hochschule an den Entscheidungsprozessen zu beteiligen. (...)

7. (...) Die öffentliche Hand muß Anfang der achtziger Jahre (...) für Bildung und Wissenschaft mindestens dreimal so viel ausgeben wie heute. Der Anteil der Ausgaben für Bildung und Forschung am Bruttosozialprodukt, der heute – einschließlich der Aufwendungen der Wirtschaft – zwischen 4 und 5% liegt, wird nach heutigen Schätzungen auf mindestens 8% ansteigen müssen. Wenn eine Frist von über einem Jahrzehnt ins Auge gefaßt werden muß, so ist dies die Folge der heutigen Ausgangslage: Die Umstrukturierung der Institutionen, die Ausbildung zusätzlicher Lehrkräfte, die Formulierung neuer Lehrinhalte und der räumliche Ausbau der Bildungseinrichtungen lassen sich, wie die Erfahrungen anderer Länder zeigen, nicht über einen kürzeren Zeitraum verwirklichen.

Worterklärungen

ständisch – hier: entsprechend den gesellschaftlichen Gruppen des gehobenen Bürgertums, des bürgerlichen Mittelstandes sowie der Masse der Arbeiter und Bauern, des Volkes; *obrigkeitsstaatlich* – absolut regierungskonform (monarchistisch), hierarchischen Strukturen gehorchend; *didaktisch* – hier: von der Form der Lehre/Vermittlung her; *Rechnung tragen* – berücksichtigen, entsprechen; *die öffentliche Hand* – hier: der Staat als Geldgeber (aus dem Steueraufkommen); *ins Auge fassen* – hier: einplanen, vorsehen.

3. Aufgaben zum Leseverständnis des Ausgangstextes

▶ Sammeln Sie aus dem Text Informationen zu den folgenden Problembereichen. Formulieren Sie daraus zusammenhängende Aussagen
– zum konventionellen deutschen Bildungssystem
– zu Aufgaben einer Bildungsreform aus demokratischer Sicht
– zu einer Bildung für den Menschen
– zur Organisationsform des modernen Bildungswesens
– zur Hochschule der Zukunft
– zu bildungspolitischen Forderungen an den Staat.

4. Aufgaben zur Texterschließung des Ausgangstextes (Lösung S. 125ff.)

4.1 ▶ Vergegenwärtigen Sie sich Ihren Katalog von Aspekten zur Texterschließung.

4.2 ▶ Stellen Sie die Herkunftsbedingungen dieses Textes fest (**Anhang I**).

4.3 ▶ Wählen Sie jetzt relevante Aspekte der Texterschließung aus.

4.4 ▶ Bilden Sie zu den ausgewählten Aspekten Fragen.

4.5 ▶ Beantworten Sie diese Fragen

4.5.1 aus dem Text heraus,

4.5.2 mit Hilfe Ihres Vorwissens,

4.5.3 unter Heranziehung von Hilfsmitteln (z.B. **Anhang II**: C, D, F, G, H, J, S).

4.6 ▶ Fassen Sie Ihre textlichen und außertextlichen Aussagen und Informationen zusammen.

5. **Zusatztext 1**

Das Hauptkennzeichen des allgemeinbildenden Schulwesens in der BRD ist seine Dreigliedrigkeit. Das unverbundene Nebeneinander der drei aus der Ständegesellschaft übernommenen Schultypen Hauptschule, Realschule und Gymnasium, die jeweils zu einem auf ein bestimmtes Berufsfeld bezogenen Abschluß führen, wird offiziell damit gerechtfertigt, daß es sowohl den unterschiedlichen Begabungstypen entspreche, als auch der Gliederung der Arbeitswelt in manuelle untergeordnete Tätigkeiten, mittlere Berufe und höhere Führungspositionen. (...)
Knapp die Hälfte der Erwerbstätigen in der BRD sind Arbeiter, die absolute Mehrheit ihrer Kinder wird wieder Arbeiter. Diese „Weitervererbung" einer der untersten Stellen in der Hierarchie der Arbeitsplätze und damit eines Platzes in der Unterschicht wird vermittelt durch das Bildungssystem. Begründet wird diese Benachteiligung schon im Schulsystem. Wie auch bei einigen anderen notwendigen Reformen wurde nach 1945 in Westdeutschland die Chance, eine konsequente Bildungsreform und damit den Bruch des bürgerlichen Bildungsmonopols durchzusetzen, von den demokratischen Kräften nicht erreicht.

Worterklärungen

allgemeinbildende Schulen – fachspezifisch nicht festgelegte Schulen für Kinder/Jugendliche; *dreigliedrig* – im Bildungswesen: in drei Schultypen nebeneinander aufgeteilt; *der Erwerbstätige, -n* – jmd., der mit seiner Arbeit Geld verdient; *der Bruch, ./.* – hier: bewußte Beendigung/Abschaffung.

6. **Bearbeitungshinweise zum Zusatztext 1**

6.1 Stellen Sie die Herkunftsbedingungen des Textes in der gewohnten Weise fest.

6.2 Informieren Sie sich aus anderen Quellen (z. B. **Anhang II**: F, G, I, J) über das bundesrepublikanische Schulsystem.

6.3 Zeichnen Sie ein Schema zu diesem System.

6.4 Diskutieren Sie auf der Grundlage Ihrer Kenntnisse, inwieweit die im Text vorgenommenen Zuordnungen von Schulformen und Gesellschaftsschichten (welche?) berechtigt erscheinen.

6.5 ▶ Stellen Sie das Schulsystem Ihres Landes (mit Hilfe eines Schemas) dar und erläutern Sie seine Vor- und Nachteile.

6.6 ▶ Welches Schulsystem ist Ihrer Meinung nach besser? Warum?

7. **Zusatztext 2**

Parallel zur wirtschaftlichen Rezession entwickelte sich in den Jahren 1966 bis 1968 eine zunehmend radikaler werdende politische Oppositionsbewegung, die sogenannte „Außerparlamentarische Opposition", die im wesentlichen von den Universitäten ausging. (...) Die APO bezog wesentliche Impulse aus ihrer Analyse der Geschehnisse in der „Dritten Welt". (...)

Trotz der relativen Isolation der Studentenbewegung herrschte in weiten Bereichen der bundesdeutschen Gesellschaft Ende der sechziger Jahre ein Bewußtsein von der Notwendigkeit von Veränderungen. Dies drückte sich auch in der Politik der von weiten Teilen der Studentenbewegung als „Teil des Systems" abgelehnten SPD/FDP-Koalition aus, die nach einem knappen Wahlsieg 1969 die Regierung übernahm. Auf dem Saarbrücker Parteitag der SPD im Mai 1970 sagte der damalige Bundeskanzler Willy Brandt unter anderem:

Ohne wirtschaftliches Wachstum – keine inneren Reformen, und andererseits: ohne innere Reformen langfristig kein wirtschaftliches Wachstum.

Das wirtschaftliche Leistungspotential unseres Volkes ist groß genug, um die Möglichkeit einer permanenten Verbesserung der Lebensbedingungen aller kontinuierlich zu erhöhen. Doch es wird für die künftigen Aufgaben nur groß genug bleiben, wenn wir eine bessere Infrastruktur und bessere Umweltbedingungen schaffen. Zukunftsorientierte Stätten der Ausbildung und Bildung, erfolgreiche Gesundheitsvorsorge, ein funktionierendes Verkehrssystem und befriedigende Wohnverhältnisse sind nicht nur gesellschaftspolitisch notwendig, sie tragen gleichzeitig wesentlich dazu bei, die wirtschaftliche Leistungsfähigkeit zu steigern. Auch wer ökonomische Überlegungen anderen überordnet, wird sich der Notwendigkeit innerer Reformen nicht verschließen können. Sozialdemokratische Zielvorstellungen von einer humanen Welt treffen sich hier mit den Erkenntnissen der Ökonomen, wenn diese langfristig genug denken.

Worterklärungen

beziehen aus – hier: herleiten aus, sich beschaffen durch; *permanent* – ununterbrochen, dauernd, ständig; *kontinuierlich* – zusammenhängend, stetig, ununterbrochen; *sich verschließen* – hier: ablehnen, nicht akzeptieren; *sich treffen mit* – hier: fast übereinstimmen mit.

8. Bearbeitungshinweise zum Zusatztext 2

8.1 Stellen Sie die Herkunftsbedingungen des Textes fest.

8.2 Erläutern Sie unter Berücksichtigung des Kontextes die Formulierungen: *wirtschaftliche Rezession, wesentliche Impulse, relative Isolation, innere Reformen, wirtschaftliches Leistungspotential, bessere Infrastruktur, bessere Umweltbedingungen, erfolgreiche Gesundheitsvorsorge, befriedigende Wohnverhältnisse, ökonomische Überlegungen.*

8.3 Erklären Sie den Begriff *Dritte Welt.*

8.4 Informieren Sie sich über für den Textzusammenhang wichtig erscheinende Geschehnisse in der *„Dritten Welt"* (s. **Orientierungsteile**) während der 60er Jahre.

8.5 Welche Kriterien aus der Analyse *der Geschehnisse in der „Dritten Welt"* lassen sich Ihrer Meinung nach auf die damalige Situation der Bundesrepublik Deutschland anwenden?

8.6 Beschreiben Sie die APO als „Interessenverband" (s. **Anhang II**: F, Z).

8.7 Stellen Sie differenziert die Adressatengruppen fest, an die sich der Bundeskanzler mit seinen Argumenten wendet.

8.8 Diskutieren Sie den Sprachgebrauch des Redeauszugs.

9. Zusatztext 3

Eine neue Qualität brachte die Bildung der großen Koalition in den Kampf gegen die Notstandsgesetze. Waren die Erwartungen und das Zutrauen, die in die demokratische Zuverlässigkeit der bisherigen Regierung gesetzt wurden, schon schwach genug, so verringerten sie sich jetzt noch mehr. Die alte Regierung hatte sich konsequent zur Durchsetzung der Notstandsgesetze bekannt. Sie hatte dabei Grundwerte der parlamentarischen Demokratie wie die Souveränität des Parlaments mit ihren „Durchpeitsch"versuchen ebenso mißachtet wie das Prinzip der Durchsetzung der sachlich besten Lösung, indem sie den Sachargumenten der Gewerkschafter und Professoren nicht Gegenargumente entgegengesetzt, sondern ihre Macht ausgespielt hatte. Wenn die bisherige Regierung so verfahren war, um die Notstandsgesetze um jeden Preis zu verabschieden, so bedeutete der Eintritt der SPD in die neue Koalition, der ohne Vorbehalte in der Notstandsfrage erfolgt war, offensichtlich, daß sie nunmehr ebenfalls bereit war, dieses Spiel mitzumachen. Das führte seinerseits zu einer Mobilisierung der Notstandsopposition. (...) Die Notstandsgesetze waren von ihren Gegnern immer als Vorbereitung und Legalisierung gewaltsamer Unterdrükkungsmaßnahmen jeglicher Opposition begriffen worden. Als der 2. Juni 1967 ihnen als Demonstration der latent stets vorhandenen und jederzeit gegen unliebsame Gegner manifestierbaren physischen Gewalt der hiesigen Gesellschaftsordnung galt, hieß das für sie, daß der Kampf noch weiter forciert werden mußte. Der 2. Juni war ihnen die Notstandsübung mit katastrophalen Folgen – nur daß man ohne Notstandsgesetze dagegen noch opponieren konnte; seien sie einmal verabschiedet, so könne es auch damit vorbei sein.

Worterklärungen

eine neue Qualität – hier: eine neue Entwicklungsstufe; *Erwartungen und Zutrauen setzen in* – hier: hoffen auf und glauben an; (ein Gesetz) *durchpeitschen* – ohne Rücksicht auf andere Meinungen schnell beschließen lassen; *seine Macht ausspielen* – hier: die eigene politische Position rücksichtslos ausnutzen; *um jeden Preis* – unbedingt; *ohne Vorbehalt* – hier: ohne Bedingung, unter kritiklosem Mitmachen; *dieses Spiel mitmachen* – hier: sich an dieser (undemokratischen/schlechten) Politik beteiligen; *latent vorhanden* – versteckt anwesend, unter der Oberfläche da; *unliebsam* – unangenehm, störend; *die Notstandsübung, -en* – hier: Probe für eine schwierige innenpolitische Situation; *ein Gesetz verabschieden* – ein Gesetz im Parlament beschließen.

10. Bearbeitungshinweise zum Zusatztext 3

10.1 Ermitteln Sie die Herkunftsbedingungen des Textes.

10.2 Stellen Sie fest, wer in der Zeit von 1965 bis 1969 die Regierung(en) bildete. Welche?

10.3 Finden Sie heraus, welches die Hauptentscheidungen der großen Koalition waren.

10.4 Diskutieren Sie, welche möglichen Motive die große Koalition gerade zu diesen Entscheidungen veranlaßt haben.

10.5 Informieren Sie sich über konkrete Inhalte der Notstandsgesetze (s. **Anhang II**: G, S, T, Z).

10.6 Sammeln Sie zusätzliche Auskünfte über die APO (s. **Anhang II**: E, F, T).

10.7 ▶ Beantworten Sie bitte folgende Fragen mit einigen Sätzen.

10.7.1 Wie verhielten sich alte und neue Regierung gegenüber dem Parlament?

10.7.2 Worin bestanden die Befürchtungen der Notstandsgegner, und wie wurden sie begründet?

10.7.3 Was war das Besondere an der Koalition von CDU und SPD?

10.7.4 Warum könnte sich die SPD an dieser Koalition beteiligt haben, und warum könnte die CDU sie eingegangen sein?

10.8 ▶ Überlegen Sie, ob es ähnliche politische Konstellationen auch in Ihrem Land gegeben hat, und berichten Sie darüber.

10.9 Diskutieren Sie über die Einführung eines wichtigen Gesetzes (z. B. Notstandsgesetze, Legalisierung von Abtreibungen, bundeseinheitliches Hochschulgesetz, aber auch ein Gesetz über Wehrdienst für Frauen, Einführung eines Privatfernsehens, Sozialisierung der Energieproduktion usw.) in einer politischen Situation wie 1968, und zwar als Mitglied der CDU, der SPD, der FDP, als Gewerkschaftsvertreterin, Professor, APO-Angehöriger, Frauenrechtlerin etc ...

11. Zusatztext 4

Als das Grundgesetz vom Parlamentarischen Rat diskutiert, geschrieben und beschlossen wurde, waren die Männer, die das große Verdienst für dieses Werk haben, in einer ganz anderen inneren Verfassung und Stimmung als die heute regierenden Politiker.

Deutschland war ohnmächtig. Es war in großer Not. Das Wirtschaftswunder war noch nicht da und wurde von niemandem erwartet. Aufrüstung kam nicht in Frage. „Nie wieder“ hieß es nicht nur in der Forderung der Alliierten, sondern auch im Planen der Deutschen. Militärischer Wille und Machtwille waren erloschen. Entschieden war aber der Wille, sich in die politische Freiheit des Westens durch die eigene republikanische Regierungsweise (republikanisch im Sinne Kants) in sittlich-politisch reiner Weise einzugliedern.

Es ist heute unser Glück, daß wir dies Grundgesetz besitzen (trotz der Mängel, die aus dem Mißtrauen gegen das Volk zu weitgehendster Ausschaltung des Volkes geführt haben). Denn hier sind die unantastbaren Grundrechte klar formuliert. Hier sind die Bedingungen gegeben, unter denen wir die Chancen zur Entwicklung unserer Freiheit haben. (...) Das Grundgesetz muß eingeprägt werden in die Herzen der Staatsbürger. Die Politiker dürfen es nie vergessen. Den Regierenden und den Beamten muß es jeden Augenblick gegenwärtig sein. Wir haben keinen anderen festen Punkt in unserem Staatswesen. Das Rütteln an den Grundrechten läßt uns in die Anarchie der Niedrigkeiten fallen, aus der Gewalt und Diktatur der Ausweg sind. Der gegenwärtige unheilträchtige Zustand wird gefördert dadurch, daß man die Grundrechte nicht immer ernst nimmt. Das Grundgesetz ist im Volke so gut wie nicht bekannt. Es fehlt das Bewußtsein, die Verletzung des Grundgesetzes sei das größte politische Verbrechen, weil es unser staatspolitisches Dasein in Frage stellt. Es ist das Verderben der Freiheit, wenn die Grundrechte beiseite geschoben werden. Es bedarf, wo es erlaubt ist, dies Gesetz zu ändern oder zu ergänzen, der größten Behutsamkeit, öffentlicher Diskussionen, der Teilnahme des Volkes, bevor eine Zweidrittelmehrheit entscheidet.

Worterklärungen

die Verfassung, ./. – hier: Zustand; *sittlich* – ethisch; *unantastbar* – nicht anzutasten/anzugreifen/zu verletzen; *einprägen* – scharf eindrücken; *das Rütteln, ./.* – das heftige Schütteln/Stoßen; *unheilträchtig* – voll schicksalsschwerer Gefahren, die jederzeit akut werden können; *die Behutsamkeit, ./.* – Sorgfalt, Vorsicht, Zartheit.

12. Bearbeitungshinweise zum Zusatztext 4

12.1 Überlegen Sie sich einen Titel für den Zusatztext 4 und vergleichen Sie ihn mit dem im **Anhang I** angegebenen.

12.2 Strukturieren Sie den Text nach seinen inhaltlichen Abschnitten; nennen Sie Überschriften für diese Teile.

12.3 Stellen Sie fest, zu welchem historisch-politischen Anlaß dieser Text verfaßt wurde (**Anhang I** und Textinhalt).

12.4 Aus welchem Grund bezeichnet der Verfasser das *Rütteln an den Grundrechten* als das *Verderben der Freiheit;* welches warnende Beispiel der Vergangenheit hat er vor Augen?

12.5 Formulieren Sie den Text um in eine Rede, die in Gegenwart von „Vätern des Grundgesetzes" an Politiker/-innen der Jahre 1968/69 mit Nachdruck appelliert. Tragen Sie diese Rede vor. Beginnen Sie ungefähr so:

Meine sehr verehrten Damen und Herren, hohes Haus! Fast zwanzig Jahre nach Gründung der Bundesrepublik Deutschland wende ich mich heute an Sie, die Sie damals schon dabei waren, und an Sie, die Sie heute unser politisches Geschick in Händen halten. Damals, als Sie das Grundgesetz schufen, herrschten ganz andere Zeiten. Ist es angesichts dessen möglich, daß heutzutage Sie, die Sie nun für uns entscheiden, so einfach dieses unser Grundgesetz zur Disposition stellen: ...

13. **Zusatztext 5**

Die außerparlamentarische Opposition und mit ihr die Studentenbewegung rezipierten die Bildung der großen Koalition je nach politischem Standort als Ende des bis dahin funktionstüchtigen parlamentarischen Systems oder als Decouvrierung des Parlamentarismus, der ohnehin stets mehr der formalen Legitimation bürgerlicher Herrschaft als der Durchsetzung des souveränen Volkswillens gedient hatte. Auch Habermas schrieb, die neue Regierung gefährde die Grundlagen des Parlamentarismus. Diese These wurde unter anderem damit begründet, daß der großen Koalition die Legitimation durch den Wählerwillen fehle.

Ein weiteres Argument lautete, der Parlamentarismus habe sich durch die faktische Ausschaltung der parlamentarischen Opposition selbst ad absurdum geführt. (...)

Auch die Tatsache, daß der CDU/CSU das volle Eingeständnis des Scheiterns ihrer Politik vor Parlament und Wählerschaft durch die Bildung der großen Koalition erspart blieb, wurde in diesem Zusammenhang ins Feld geführt.

Worterklärungen

rezipieren – hier: aufnehmen und bewerten, einstufen; *die Decouvrierung, -en* – hier: Enthüllung, die alle Mängel sichtbar macht; *ad absurdum führen* – beweisen, daß etwas sinnlos und lächerlich ist; *etwas ins Feld führen* – als wichtiges Anzeichen und Argument angeben.

14. **Bearbeitungshinweise zum Zusatztext 5**

14.1 Ergänzen Sie die im folgenden aufgeführten Stichwörter des Textes durch je zwei passende Formulierungen aus anderen Abschnitten dieser Arbeitseinheit, die den Inhalt dieses Textes erläutern helfen:

- *außerparlamentarische Opposition*
- *große Koalition*
- *parlamentarisches System*
- *Decouvrierung des Parlamentarismus*
- *Legitimation durch den Wählerwillen*
- *faktische Ausschaltung der parlamentarischen Opposition.*

14.2 Begründen Sie bitte Ihre Auswahl.

14.3 Überdenken Sie Ihre Kenntnisse von der Bundesrepublik Deutschland und führen Sie Gründe für das Scheitern der CDU/CSU-Politik an.

15. **Zusatztext 6**

Die Ereignisse des 2. Juni waren insofern nur der äußere Anstoß zur Herausbildung der Springer-Kampagne, als sie die bereits vorher existierende Diskrepanz verschärft hatten, was seinen Ausdruck in der Berichterstattung insbesondere der Westberliner Presse, von Springer dominiert, über die Ereignisse des 2. Juni fand: Den sozialistischen Studenten erschien die Erschießung Benno Ohnesorgs, der sich zum ersten Mal an einer Demonstration beteiligt hatte, der in keiner politischen Studentengruppe organisiert war, als erstes Resultat blindwütigen Zuschlagens der für jeden fortschrittlichen Studenten von jetzt an lebensgefährlichen Staatsmacht – angeheizt, begünstigt und überhaupt erst ermöglicht durch eine Presse, die vorbehaltlos alles billigte, was die „Ordnungskräfte“ je unternehmen sollten, die bereits vorher mehrfach offen zur Lynchjustiz gegen die oppositionellen Studenten aufgerufen hatte und gegen die man machtlos war, weil sie am Ort des Geschehens – in West-Berlin – eine fast absolute Monopolstellung innehatte.

Worterklärungen

Springer-Kampagne – hier: große Demonstrationen/Aktionen gegen den Zeitungsverleger Axel Caesar Springer; *die Diskrepanz, -en* – hier: entgegengesetzte Positionen, Uneinigkeit, grundlegender Bruch in der Gesellschaft; *blindwütig* – ohne jede Vernunftskontrolle, äußerst erregt; *anheizen* – hier: erregt machen, aufhetzen; *begünstigen* – hier: unterstützen, decken, schützen, fördern; *vorbehaltlos* – hier: ohne alle Bedenken, von vornherein; *billigen* – für richtig halten, gutheißen; *die Lynchjustiz, ./.* – affektgesteuerte eigenmächtige „Rechts“entscheidung zur Tötung eines „Schuldigen“.

16. **Bearbeitungshinweise zum Zusatztext 6**

16.1 Vergegenwärtigen Sie sich für die Studentenbewegung relevante Ereignisse in den 60er Jahren in historischer Reihenfolge.

16.2 Welche *Diskrepanz* meint der Text? Listen Sie stichwortartig Ursachen dafür auf.

16.3 Informieren Sie sich über das Pressewesen in der Bundesrepublik Deutschland und über die Rolle des Springer-Verlages (s. **Anhang II**: F, G, J, V).

16.4 Sammeln Sie Informationen zu anderen Massenmedien (s. **Anhang II**: F, G, J).

16.5 Schreiben Sie (Gruppenarbeit)
- als „Springer-Redakteur“
- für einen „Radionachrichtensprecher“
- als „Fernsehkommentator“
- als „Teilnehmer an der Demonstration“

einen Text, der die Ereignisse des 2. Juni 1967 darstellt. Beachten Sie dabei die unterschiedlichen Beurteilungsperspektiven.

17. **Aufgaben zum Textvergleich**

17.1 ▶ Prüfen Sie nach Feststellung der Herkunftsbedingungen auch der Zusatztexte 5 und 6 noch einmal alle Texte dieser Arbeitseinheit im Hinblick auf die folgenden Kategorien, denen Sie Informationen in Stichwörtern zuordnen sollen:
- politische Situation vor der großen Koalition
- Gründe für die Bildung der großen Koalition

- Gründe gegen die große Koalition
- Ereignisse des 2. Juni 1967
- Beurteilung des politischen Systems durch Studenten und APO
- Beurteilung der Studenten und der APO durch staatliche Organe bzw. die Presse
- politische Situation nach der großen Koalition.

17.2 ▶ Suchen Sie Überschriften zur Kennzeichnung von Themenbereichen im Rahmen dieser Kategorien.

17.3 ▶ Nennen Sie noch andere gemeinsame Themenbereiche dieser Arbeitseinheit.

18. **Zusatztext 7**

Franz Josef Degenhardt: 2. Juni

Da habt ihr es, das Argument der Straße.
Sagt bloß jetzt nicht: Das haben wir nicht gewollt.
Zu oft verhöhnt habt ihr die sogenannte Masse,
die euch trotz allem heut noch Beifall zollt.
Nun wißt ihr es: Uns ist es nicht genug,
in jedem vierten Jahr ein Kreuz zu malen.
Wir rechnen nach und nennen es Betrug,
wenn es gar keine Wahl gibt bei den Wahlen.

Jetzt schreiben wir die Kreuze an die Wände
mit roter Farbe. Warum eure Wut?
Das ist doch Farbe. Aber eure Hände
sind seit Berliner Tagen voller Blut.
Zerquetschte Schädel stellt ihr zum Vergleich
geplatzten Eiern und Tomaten.
Das ist nicht neu in diesem Land. Und euch,
euch paar'n, die ihr mal anders wart, was soll
was soll man euch noch raten?

Genau das ist die Mischung die wir kennen:
Gerührt bei kindischer Sorayerei.
Und das schlägt zu, mitten im Flennen.
Aus Rotz und Blut ist dieser Brei.
Warum? Verdammt, warum seid ihr nicht aufgewacht,
bevor die Kugeln trafen!
Jetzt denkt an Deutschland – in der Nacht.
Und sagt, wer kann noch ruhig schlafen?

Text und Musik: Franz Josef Degenhardt

Benno Ohnesorg wurde bei der Demonstration vor der Deutschen Oper in West-Berlin gegen den Besuch des Schah von Persien am 2. Juni 1967 in einer Seitenstraße von dem Polizeibeamten Kurras erschossen. Kurras wurde freigesprochen.

Worterklärungen

verhöhnen – verspotten, lächerlich machen, mißachten; *Beifall zollen* – begeistert zustimmen, applaudieren; *ein Kreuz malen* – hier: bei Wahlen auf dem Stimmzettel einen Kandidaten oder eine Partei ankreuzen; *zerquetschen* – heftig/mit Gewalt zerdrücken; *der Schädel, - –* Kopf, Knochengerüst des Kopfes, z. B. Totenschädel; *gerührt* – hier: gefühlvoll gestimmt, zugleich auch Anspielung auf die Herstellung von Rührei; *Sorayerei* – Soraya war die damalige Frau des Schah; *das Flennen, ./.* – heftiges/gefühlsbetontes Weinen; *der Rotz, ./.* – Nasenschleim; *Jetzt denkt an Deutschland – in der Nacht* – Anspielung auf ein Gedicht von Heinrich Heine (in: Zeitgedichte), das beginnt: „Denk ich an Deutschland in der Nacht".

19. **Bearbeitungshinweise zum Zusatztext 7**

19.1 Bedenken Sie beim Lesen des Textes, wozu er geschrieben ist.

19.2 Achten Sie auf Wortspiele wie z. B. mit *gerührt*.

19.3 Denken Sie über die Funktion von Zitaten (z. B. Heine) nach.

19.4 Erinnern Sie sich an das in dieser Arbeitseinheit behandelte und erarbeitete Material. Interpretieren Sie unter Ausnutzung dieser Grundlage den Degenhardt-Song.

19.5 Machen Sie sich besonders klar, wer hier von wem angesprochen wird. Wer ist *ihr* und wer *wir*?

19.6 Beschreiben Sie den Stil des Textes. Um welche Art von Lyrik handelt es sich?

19.7 Stellen Sie kurz die Stimmung des lyrischen Ich dar.

19.8 Kennen Sie andere deutschsprachige ‚Liedermacher'? Welche?

19.9 Gibt es Lyrik dieser Art auch in Ihrer Heimat? Wenn ja, versuchen Sie eine Übertragung ins Deutsche.

20. **Aufgaben zum kapitelübergreifenden Themenvergleich**

Ein landeskundliches Schwerpunktthema dieses Heftes sind Probleme der Familienstruktur (Arbeitseinheit 3). Sie haben dazu Texte kennengelernt, sich zusätzliches Wissen angeeignet und über damit zusammenhängende Fragen nachgedacht.

20.1 ▶ Außer in Arbeitseinheit 3 finden Sie zu diesem Thema Informationen in

Arbeitseinheit 1:	Ausgangstext, Zeile 4/5, 6, 25/26; Zusatztext 1, Zeile 15, 18–23; Zusatztext 2, Zeile 6–8;
Arbeitseinheit 4:	Zusatztext 1, Zeile 22/23; Zusatztext 4, Zeile 12/13;
Arbeitseinheit 5:	Ausgangstext, Zeile 18–23; Zusatztext 5, Zeile 1–4, 18–22;
Arbeitseinheit 6:	Ausgangstext, Zeile 18/19; Zusatztext 1, Zeile 11–15; Zusatztext 2, Zeile 18–22;
Arbeitseinheit 7:	Ausgangstext, Zeile 13, 14/15; Zusatztext 3, Zeile 21–25, 34/35;
Arbeitseinheit 8:	Zusatztext 1, Zeile 8–10; Zusatztext 2, Zeile 8.

20.2 ▶ Fassen Sie diese Informationen zusammen und versuchen Sie, daraus und mit Hilfe Ihrer sonstigen Kenntnisse einen Essay zu schreiben mit dem – absichtlich weitgefaßten – Thema

Zur Entwicklung der Familie in der Bundesrepublik Deutschland.

Es soll Ihnen überlassen bleiben, Teilthemen nach Ihrem Interesse festzulegen. Verstehen Sie bitte daher die folgenden Bemerkungen (s. 20.2.1 und 20.2.2) nur als Anregungen.

20.2.1 Wertvolle Hintergrundinformationen für Ihr Thema liefern möglicherweise Texte z. B.

- aus der Arbeitseinheit 2, soweit sie Interessenverbände betreffen (Familienmitglieder können einem Kegelklub oder einer Gewerkschaft angehören.),
- aus der Arbeitseinheit 4, soweit sie das geteilte Deutschland oder militärische Fragen behandeln („Geteilte" Familien haben manchmal Probleme. – Es gibt Wehrpflicht in Deutschland.),
- aus der Arbeitseinheit 6, in der es um das Bildungssystem geht (Kinder besuchen die Schule, Studenten haben nicht selten Konflikte mit ihren Eltern.) oder
- aus der Arbeitseinheit 8, in der als Teil der Umweltfragen auch Probleme des Arbeitsmarktes angesprochen werden (Der Vater kann arbeitslos sein, die Tochter keine Lehrstelle finden).

20.2.2 Schließlich kommen auch die Erfahrungen, die Sie aus Ihrem Land mitbringen, für eine intensive Auseinandersetzung mit dem Thema in Betracht, weil eine kulturkontrastierende Sichtweise oft erst das jeweils Besondere an einer bestimmten Gesellschaft deutlich macht.

21. Lernerfolgskontrolle

21.1 ▶ Wenn Sie die Namen der unter 1 bis 10 genannten Personen in das Rätsel eintragen (senkrecht), erscheint waagerecht der Name eines zeitgenössischen Liedermachers. (Das Kreuzworträtsel steht auf Seite 82.)

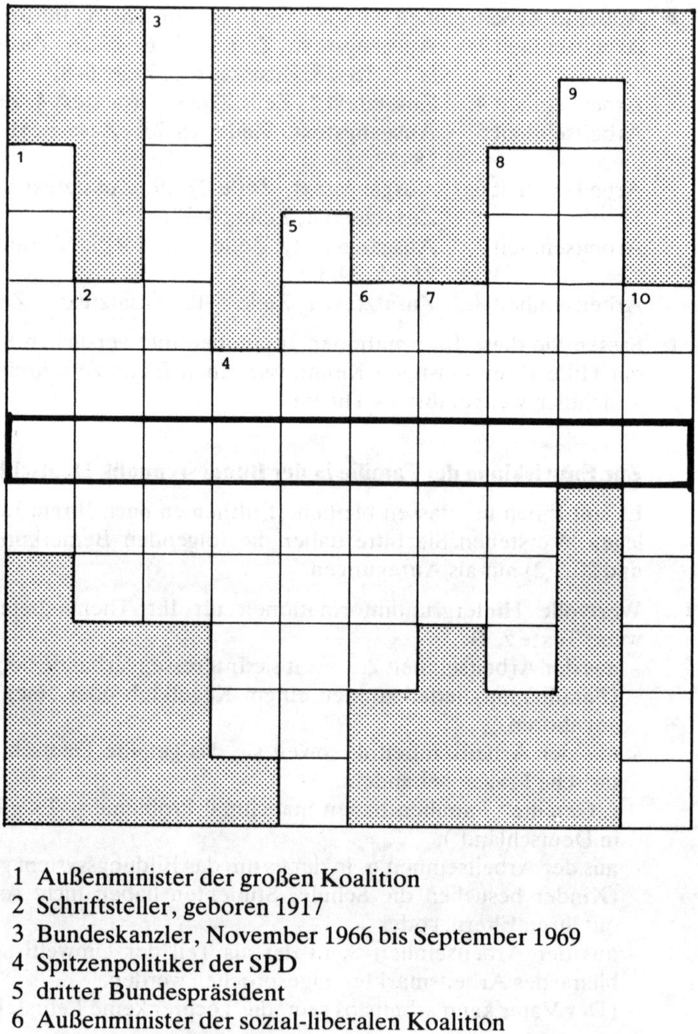

1 Außenminister der großen Koalition
2 Schriftsteller, geboren 1917
3 Bundeskanzler, November 1966 bis September 1969
4 Spitzenpolitiker der SPD
5 dritter Bundespräsident
6 Außenminister der sozial-liberalen Koalition
7 politisch engagierter Schriftsteller
8 Soziologe und Philosoph, Mitbegründer der Frankfurter Schule
9 Chef der letzten CDU/CSU-Regierung Mitte der 60er Jahre
10 einer der studentischen „Köpfe" der APO

21.2 ▶ Notieren Sie zu jeder unter 22.1 genannten Person eine zusätzliche Information.

21.3 ▶ Vergleichen Sie die Lieder von Heintje (Arbeitseinheit 5: Zusatztext 6) und von Degenhardt (Arbeitseinheit 6: Zusatztext 7).

Arbeitseinheit 7

Zu sozialen Bedingungen in der Bundesrepublik Deutschland

Inhaltliche Lernziele:

- Sich Informationen über die Entwicklung des Sozialwesens in der Bundesrepublik Deutschland seit ihrem Bestehen aneignen.
- Den Texten und anderen Quellen Angaben zur sozialen, innen- und außenpolitischen etc. Bedeutung der neuen Ostpolitik in den Jahren 1970 bis 1974 entnehmen.

Methodische Lernziele:

- Techniken der Texterschließung reflektieren.
- Die erworbenen Techniken der Texterschließung und Informationsverarbeitung unter leichter Anleitung anwenden.

1. Orientierungsteil

1970	Jan./Feb.	Beginn von Verhandlungen Bundesrepublik Deutschland–UdSSR und Bundesrepublik Deutschland–Polen.
	März	Treffen Brandt/Stoph in Erfurt (DDR).
	Mai	Treffen Stoph/Brandt in Kassel (Bundesrepublik Deutschland). Gefangenenbefreiung Baaders (West-Berlin, 14. 5.), Gründung RAF.
	Juli	Senkung aktiven Wahlalters auf 18, passiven auf 21.
	12. Aug.	Moskauer Vertrag.
	7. Dez.	Warschauer Vertrag.
1971	Sep.	Unterzeichnung des Viermächteabkommens über Berlin.
	Nov.	Metallerstreik (größter in der bundesdeutschen Geschichte), Aussperrungen.
1972	Jan.	Ministerpräsidenten beschließen „Radikalenerlaß“
	Apr.	Ablehnung des konstruktiven Mißtrauensvotums gegen Brandt (Friedensnobelpreisträger 1971).
	Juni	USA: „Watergate“.
	Sommer	Olympische Spiele in München.
	19. Nov.	Vorgezogene Wahlen: Brandt bleibt Bundeskanzler.
	21. Dez.	Grundlagenvertrag Bundesrepublik Deutschland–Deutsche Demokratische Republik, Mai 73 ratifiziert.

1973	Jan.	Beitritt von Dänemark, Großbritannien, Irland zur EG („EG der Neun"). Waffenstillstandsabkommen über Vietnam.
	Juli	KSZE in Helsinki.
	Sep.	Chile: Putsch gegen Allende und dessen Ermordung.
	Okt.	4. Nahostkrieg.
	Nov.	Bundesregierung: Anwerbestopp für ausländische Arbeiter (1. 11.). Ölboykott durch arabische Länder. Bildungsgesamtplan.
1974	6. Mai	Guillaume-Affäre, Rücktritt Brandts, Nachfolger Schmidt.
	Juli	Scheel Bundespräsident.
	Dez.	Arbeitslosigkeit über 1 Mio., Konjunkturprogramm.

2. Ausgangstext

Dieser Beitrag will die Evolution des Systems der sozialen Sicherung von seiner grundsätzlichen und konstruktiven Seite her analysieren. (...) Nur stichwortartig sollen die wichtigsten Daten der Veränderungen des Systems nach 1948 in chronologischer Folge festgehalten werden:

Soforthilfegesetz (Vorläufer des Lastenausgleichs, 1949)
Bundesversorgungsgesetz (Kriegsopferversorgung, 1950)
Wiedereinführung der Selbstverwaltung in der Sozialversicherung (1951)
Lastenausgleichsgesetz (1952)
Neuregelung der Krankenversicherung der Rentner (1956)
Altershilfe für Landwirte (1957)
Handwerkerversicherungsgesetz (1960)
Dynamisierung der Kriegsopferrenten (1970)
Unfallversicherung für Schüler, Studenten und Kinder in Kindergärten (1971)

Aus dieser Chronologie ausgespart haben wir die Weiterentwicklung der *gesetzlichen Krankenversicherung* (GKV), zu der noch einige erläuternde Worte folgen sollen. Am System der GKV hat sich in der Berichtszeit grundsätzlich nicht allzu viel verändert – ein Beweis für die Gesundheit und Lebenskraft dieses Systems. Die wichtigste Veränderung, von der zu berichten ist, hat sich nicht innerhalb des Systems vollzogen, sondern war Folgewirkung einer entscheidenden Veränderung des Arbeitsrechts: Seit 1969 gilt auch für Arbeiter, daß sie im Fall krankheitsbedingter Arbeitsunfähigkeit bis zur Dauer von 6 Wochen Anspruch auf den vollen Bruttolohn haben. Damit ist der Hauptteil des Risikos „Einkommensausfall durch Krankheit" von der GKV weg auf die Arbeitgeber verlagert worden. Natürlich hat die dadurch verursachte Steigerung der Arbeitskosten den Anstieg der realen Bruttolöhne entsprechend verzögert. (...) Dennoch ist die volle Lohnfortzahlung im Krankheitsfall ein sozialer Fortschritt.

Worterklärungen

die Dynamisierung, ./. – hier: prozentuale Angleichung der Renten an die durchschnittlichen Lohn- und Gehaltssteigerungen; *der Landwirt, -e* – selbständiger Bauer; *der Bruttolohn, ¨-e* – Lohn vor Abzug von Steuern u. a. Abgaben.

3. Aufgaben zum Leseverständnis des Ausgangstextes

3.1 ▶ Suchen Sie aus dem Ausgangstext inhaltlich wichtige Stichwörter heraus.

3.2 ▶ Formulieren Sie mit Hilfe dieser Stichwörter Fragen.

3.3 ▶ Beantworten Sie diese Fragen aus dem Textzusammenhang.

4. Aufgaben zur Texterschließung des Ausgangstextes

4.1 ▶ Sie haben sich im Einführungskapitel Gedanken zur Erschließung eines Textes gemacht und dafür brauchbare Begriffe erworben. In den jenem Kapitel folgenden sechs Arbeitseinheiten haben Sie die Anwendung von Erschließungstechniken schrittweise gelernt und erprobt. (Lösung S. 128f.)

4.1.1 Diskutieren Sie den Anfang des Einführungskapitels (S. 5) unter der Fragestellung: Schwierigkeiten im Umgang mit Landeskunde-Texten.

4.1.2 Vergegenwärtigen Sie sich, was Sie bislang auf dem Gebiet der Texterschließung an Arbeitstechniken erworben haben. Lesen Sie zu dem Zweck nochmals die Aussagen in den zwölf Arbeitsschritten des Einführungskapitels.

4.1.3 Äußern Sie sich zum Thema **Probleme und Techniken der Erschließung landeskundlicher Texte.** (schriftlich)
Verwenden Sie in Ihrem Text die folgenden Ausdrücke:
Verfasser – Kontext – Fragen – Sprache – Wortverständnis – landeskundlich relevante Bereiche – zeitliche Darstellungsperspektive – Begriffe – Auswahl von historischen/geographischen/politischen/etc. Aspekten eines Textes – Redeintention – Vorwissen – Katalog von Erschließungsaspekten – Informationsdefizite – Textsorte – Vorinformationen – Textzusammenhang – Leser – Hilfsmittel – Stichwörter.

4.2 ▶ Wenden Sie die von Ihnen durchdachten Techniken der Texterschließung auf den Ausgangstext dieser Arbeitseinheit an. (Lösung S. 129ff.)

4.2.1 Stellen Sie die Herkunftsbedingungen des Textes fest.

4.2.2 Bilden Sie zu den wichtigen Aspekten des Textes Fragen.

4.2.3 Ermitteln Sie, zu welchen Aspekten Ihnen Hintergrundinformationen zum Textinhalt fehlen.

4.2.4 Beheben Sie diese Informationsdefizite mit den verfügbaren Hilfsmitteln.

4.2.5 Fassen Sie Textinhalt und -hintergrund zusammen.

5. Zusatztext 1

Bereits Bundeskanzler Kiesinger (1966–69) hatte wiederholt einen allgemeinen Gewaltverzicht der Bundesrepublik gegenüber den östlichen Nachbarn einschließlich der DDR angeboten, sich jedoch nicht bereit gefunden, die Forderungen der DDR, Polens und der ČSSR zu erfüllen. Ende 1967 berief sich die Sowjetunion überraschend auf das Recht der Intervention in der Bundesrepublik unter Berufung auf die Artikel 53 und 107 des UNO-Statuts von 1945. Obwohl die Westmächte der Rechtmäßigkeit des Anspruchs widersprachen, löste der sowjetische Standpunkt in der Bundesrepublik eine gewisse Unsicherheit aus, besonders, als die Sowjetunion 1968 den Anspruch wiederholte und wenige Wochen danach in der Tschechoslowakei intervenierte. Allein die Existenz eines solchen Rechtsanspruchs stellte eine Bedrohung der Souveränität der Bundesrepublik dar, und um die Sowjetunion zur Aufgabe des Anspruchs zu bewegen, galt es, der sowjetischen Forderung nach Anerkennung der Realitäten in Europa nachzugeben und sich dabei um die Erhaltung formaler Rechtspositionen zu bemühen. Unter der Regierung Brandt–Scheel wurde ab 1969 die zuvor eingeleitete Entspannungspolitik verstärkt fortgesetzt. Die Verhandlungen in Moskau und Warschau verliefen zeitweilig parallel und führten schließlich im August bzw. November zur Unterzeichnung von Verträgen.

Die Verhandlungen mit Prag begannen erst nach Abschluß des Grundvertrags mit der DDR und führten im Juni 1973 zur Paraphierung eines Vertrages, dessen Unterzeichnung jedoch erst im Dezember 1973 erfolgen konnte.

Worterklärungen

sich berufen auf – hier: für sich in Anspruch nehmen; *die Erhaltung, ./.* – hier: das Fortdauern, Bestehenbleiben; *die Aufgabe, ./.* – hier: Verzicht; *die Unterzeichnung, ./.* – hier: gemeinsames feierliches Unterschreiben von Verträgen durch Regierungsvertreter; *die Paraphierung, -en* – hier: endgültige Bearbeitung und Aufsetzung eines unterschriftsreifen Vertrags.

6. Zusatztext 2

Kritiker haben der Verhandlungstaktik der Regierung Brandt–Scheel gegenüber dem Osten ihre angebliche „Hektik" vorgeworfen; die Gründe für das fast gleichzeitige Ingangsetzen von Verhandlungen mit der Sowjetunion, Polen und der DDR parallel zu den Viermächteverhandlungen um Berlin gehen jedoch aus der Verschränkung der Probleme und der damit verbundenen Gefahr einer für die Interessen der Bundesrepublik und Berlins ungünstigen Reihenfolge überzeugend hervor. (...) Dennoch läßt sich nicht von der Hand weisen, daß zu dem Zeitdruck, unter dem gerade diese letzte Verhandlung stand, auch innerpolitische Faktoren beigetragen haben: Der Grundvertrag wurde am 9. November 1972, zehn Tage vor der bitter umkämpften Bundestagswahl, paraphiert und einen Monat nach dem Sieg der sozial-liberalen Koalition am 21. Dezember von dem nun zum Bundesminister ernannten Bahr und Staatssekretär Kohl unterzeichnet.

Worterklärungen

das Ingangsetzen, ./. – das Beginnen, In-Bewegung-Bringen; *die Verschränkung, -en* – enges gegenseitiges Verbundensein; *von der Hand weisen* – leugnen, abstreiten.

7. **Bearbeitungshinweise zu den Zusatztexten 1 und 2**

7.1 Definieren Sie den Begriff *Entspannungspolitik*.

7.2 Was äußern die Zusatztexte 1 und 2 zu
- Gründen und Anlässen der Entspannungspolitik
- außen- und innenpolitischen Zwängen der Verhandlungsführung
- aufeinander folgenden Schritten der Entspannungspolitik
- Ergebnissen der Entspannungspolitik
- Kritik an der ‚neuen Ostpolitik'?

7.3 Was bedeutet die *Forderung nach Anerkennung der Realitäten*?

7.4 ► Die Entspannungspolitik wurde von der Bevölkerung in der Bundesrepublik Deutschland, die an die Politik des Kalten Krieges gewöhnt war, verschieden aufgenommen. Lesen Sie dazu den Text im Einführungskapitel (S. 5f.), der Ihnen nun endlich verständlicher erscheinen wird.

7.5 ► Wie hat sich die international wirkende Entspannungspolitik in Ihrem Land bemerkbar gemacht?

8. **Zusatztext 3**

Frage: Es geht weiter im innerdeutschen Dialog (...) Gestern ging es in Ost-Berlin bereits um Wissenschaft und Technik, Gespräche über Postfragen stehen vor der Tür. Besonders wichtig sind die Bemühungen um einen Ausbau der Transitwege von und nach West-Berlin, und auch Fragen der Rechtshilfe und des Kulturaustausches sind zu regeln. Werden sich bald einige Punkte aus diesem Katalog abhaken lassen?

Antwort: Wenn Sie die Frage so stellen, möchte ich sagen, abhaken schon. Nur warne ich davor, anzunehmen, daß damit dann auch die Probleme schon insgesamt gelöst sind. Es gibt gute Anzeichen dafür, daß es weitergeht, und zwar aufgrund der vielen Begegnungen und letztlich auch der Konferenz für Sicherheit und Zusammenarbeit in Europa hat es da Bewegungen gegeben, die durchaus Veranlassung geben, zuversichtlich der weiteren Entwicklung entgegenzusehen. (...)

Frage: Es fällt auf, daß die Zusammenarbeit zwischen Bundesrepublik und DDR dann oft gar nicht so schlecht ist, wenn Unvorhergesehenes geschieht, wenn also Not am Mann ist, wie vor kurzem beim Flugzeugabsturz bei Leipzig. Oder war das ein Einzelfall?

Antwort: Nein, es gibt da durchaus Anhaltspunkte dafür, daß gerade im gegenseitigen Amtshilfeverkehr – möchte ich einmal sagen – sich eine wesentliche Veränderung eingestellt hat, und zwar zugunsten der Lösung schwieriger Probleme.

Frage: In welchen Fällen, haben Sie Beispiele?

Antwort: Bei diesem furchtbaren Unglück, bei dem Absturz des Flugzeuges zum Beispiel gab es eine unbürokratische Abwicklung der Einreiseformalitäten für die Angehörigen der Verletzten und Verunglückten. Das ist bemerkenswert. Es gab eine großzügige Ausreisegenehmigung der DDR-Behörden für nahe Familienangehörige zur Beisetzung der Todesopfer, Schadensersatzregelung erfolgte nach internationalen Gepflogenheiten und dabei Vorableistung ohne speziellen Nachweis. Das war schon so, als sei es eine seit langer Zeit bestehende normalisierte Regelung zwischen beiden Staaten gewesen. Oder, es gibt auch andere Zeichen: Vorabanwendung des Gesundheitsabkommens. Da gibt es schon Beispiele dafür, daß Einwohner der Bundesrepublik Deutschland zu Spezialkuren in die DDR reisen können, um dort Kuren durchzuführen, die hier nicht möglich sind. Es gibt Zeichen dafür, daß Benachrichtigungen in Krankheitsfällen während eines Besuches in der DDR sich in zunehmendem Maße unbürokratisch entwickeln, und es gibt – was besonders interessant ist – einen Amtshilfeverkehr, der reibungslos verläuft in Personenstandsangelegenheiten. Da gibt es bei Sozialversicherungsangelegenheiten, bei der Beschaffung von Rentenunterlagen ganz reibungslosen Amtsverkehr inzwischen.

Frage: Ich möchte noch kurz ein weiteres Thema anpeilen, obgleich man darüber streiten kann, ob hier der offene Markt – wie man so sagt – der richtige Platz ist. Wir müssen es aber tun – meine ich –, nachdem es in letzter Zeit wieder eine öffentliche Diskussion darüber gegeben hat, was die DDR an Gegenleistung erhält, damit politische Häftlinge aus ihrem Machtbereich entlassen werden. Es wurde öffentlich darüber nachgedacht, ob es zu verantworten sei, auf Dauer politische DDR-Häftlinge freizukaufen, wie es heißt. Was sagt dazu der verantwortliche Minister?

Antwort: Ich halte diese Diskussion für wenig hilfreich. Ich bin der Meinung, daß wir hier eine Sorgepflicht für alle Deutschen haben und uns darum kümmern müssen, daß jene Deutschen, die in Schwierigkeiten geraten, aus diesen Schwierigkeiten befreit werden. Und dazu gehört es auch, daß Deutsche, die in der DDR leben und aus den dortigen Gegebenheiten heraus inhaftiert werden, als politische Häftlinge gelten, irgendwie erfahren, daß man sich um sie kümmert und sich um sie bemüht.

Frage: Wird die Bundesregierung ihre Bemühungen fortsetzen?

Antwort: Aber selbstverständlich. (...)

Worterklärungen

der Transitweg, -e – hier: Verbindungsstraße zwischen Bundesrepublik Deutschland und West-Berlin durch DDR-Gebiet; *abhaken* – hier: als erledigt ansehen/markieren; *die Veranlassung, ./.* – hier: Grund; *zuversichtlich* – optimistisch; *wenn Not am Mann ist* – wenn es dringend nötig ist; *der Anhaltspunkt, -e* – etwas, worauf man seine Meinung stützen kann, Indiz; *die Amtshilfe, ./.* – geregelte gegenseitige Unterstützung verschiedener Verwaltungen bei der Erledigung ihrer Aufgaben; *die Abwicklung, ./.* – Erledigung; *die Beisetzung, -en* – Begräbnis, Beerdigung, Bestattung; *die Gepflogenheit, -en* – Gewohnheit; *die Vorableistung, -en* – hier: Auszahlung von Geldern **vor** dem Abschluß aller Formalitäten; *die Vorabanwendung, -en* – hier: Anwendung eines Vertrages **vor** dessen endgültigem Abschluß; *der Personenstand, ./.* – sozialer Status wie: ledig, verheiratet, geschieden, verwitwet; *anpeilen* – ins Blickfeld bringen, hier: ansprechen, nennen; *die Gegebenheit, -en* – Bedingung.

9. Bearbeitungshinweise zum Zusatztext 3

9.1 Stellen Sie fest, um was für eine Textsorte es sich beim Zusatztext 3 handelt. – Wer ist der Fragesteller? Wer antwortet?

9.2 Umreißen Sie mit wenigen Worten das Thema des Textes.

9.3 In Artikel 7 des **Vertrages über die Grundlagen der Beziehungen zwischen der Bundesrepublik Deutschland und der Deutschen Demokrati-**

schen Republik ist die Rede von einer angestrebten *Zusammenarbeit auf dem Gebiet der Wirtschaft, der Wissenschaft und Technik, des Verkehrs, des Rechtsverkehrs, des Post- und Fernmeldewesens, des Gesundheitswesens, der Kultur, des Sports, des Umweltschutzes und auf anderen Gebieten.*
Welche der im „Grundvertrag" erwähnten Gebiete werden im Zusatztext 3 genannt? – Was wird über die Entwicklung der Zusammenarbeit in diesen Bereichen ausgesagt?

9.4 Nehmen Sie Stellung zu der damals häufig geäußerten Meinung, die angeblichen Verbesserungen in den Beziehungen Bundesrepublik Deutschland–Deutsche Demokratische Republik seien im Vergleich zu normalen bilateralen Beziehungen völlig unbedeutend.

9.5 Sehen Sie sich den Text auf die Verwendung von Frage- und Antworttechniken hin an: z. B. Wie möchte der Interviewer etwas erfahren; wie versucht der Interviewte etwas durch seine Antworten zu vermitteln/zu vermeiden? Was soll mit solch einem Interview beim Hörer/Leser erreicht werden?

9.6 ▶ Spielen Sie die Interview-Situation frei (mit eigenen Worten) nach. – Auch andere Themen sind denkbar.

10. Zusatztext 4

Ich war 1933 achtzehn Jahre alt. Ich trage noch heute daran, daß meine Väter geschwiegen haben, als sich die Katastrophe der Demokratie in Deutschland schon abzuzeichnen begann. Martin Niemöller, der zehn Jahre in einem KZ Hitlers war, hat das so formuliert: „Als Kommunisten und Sozialdemokraten ins Gefängnis gingen, habe ich geschwiegen, als die ersten Juden verschwanden, habe ich geschwiegen. Als ich selbst abgeführt wurde, war niemand mehr da, der reden konnte."
Wir schreiben heute nicht das Jahr 1933. Nichts wiederholt sich, nichts ist vergleichbar. Aber die elende Praxis des Radikalenerlasses läßt mich von Monat zu Monat deutlicher fragen: Wo hat dies begonnen, wo endet es? Was wird täglich zerstört an Vertrauen junger Menschen zu diesem Staat und zu dieser Demokratie? Was wird täglich zerstört in der Struktur unseres Grundgesetzes, das ich als Minister und Bürgermeister mehrfach beschworen habe, aus Überzeugung beschworen habe? (...)
Manchmal frage ich mich, in welchem Lande wir eigentlich leben, wenn klare Vorschriften des Grundgesetzes, zum Beispiel, daß nur das Bundesverfassungsgericht – oder in West-Berlin die alliierte Kommandantur – Parteien und politische Gruppen verbieten kann, durch Verfassungsorgane selbst unterlaufen werden.
Man verbietet, aus welchen Gründen auch immer, nicht. Aber man erfindet den neuen Begriff der Verfassungsfeindlichkeit, man legt schwarze Listen an, man schnüffelt herum, man photographiert, man speist Computer mit zum Teil absurden Tatbeständen. Und man hält sich nicht an das, was ein Beamter oder Angestellter im Dienst tut oder nicht tut, sondern entscheidet nach formalen Mitgliedschaften. Es entstehen, scheinbar gewollt, immer breitere Grauzonen. Es entsteht Angst und Hysterie – und mit dem allem will man junge Menschen für diesen Staat gewinnen.

Worterklärungen

sich abzeichnen – hier: erkennbar sein; *abführen* – hier: verhaften; *elend* – hier: verächtlich, gemein, schlecht; *beschwören* – hier: einen Eid/Schwur auf die Verfassung ablegen; *unterlaufen* – hier: umgehen und dadurch außer Kraft setzen; *schnüffeln* – hier: allen politischen Aktivitäten nachspüren/nachspionieren, heimlich beobachten; *speisen* – hier: mit Daten/Angaben versorgen; *der Tatbestand, ⸚e* – Faktum, Information; *sich an etwas halten* – urteilen nach, zum Maßstab nehmen.

11. **Bearbeitungshinweise zum Zusatztext 4**

11.1 Bestimmen Sie die Herkunftsbedingungen des Textes.

11.2 Zu welchem Thema äußert sich der Verfasser? Welche anderen Bezeichnungen als die im Text genannte gibt es dafür?

11.3 Warum schickt der Verfasser seinem eigentlichen, aktuellen Thema Bemerkungen zu Vorgängen der Jahre nach 1933 voraus?

11.4 Welche Einstellung hat der Verfasser zum Radikalenerlaß? Wie begründet er seine Meinung?

11.5 Was ist der Inhalt des Radikalenerlasses? Informieren Sie sich in der gewohnten Weise darüber.

11.6 Tragen Sie Informationen über seine Entstehungsbedingungen zusammen: In welchem Jahr, unter welcher Regierung, aus welchen Gründen und zu welchem Zweck wurde der Radikalenerlaß beschlossen? Welche anderen (innen- und außen-)politischen Vorgänge in der Bundesrepublik Deutschland konnten auf seine Entstehung Einfluß haben?

11.7 Nehmen Sie Stellung zu folgendem Zitat von Heinrich Böll – in: Beutin u. a., Berufsverbot, Fischerhude (1976) –:

> „Was wäre aus der Bundesrepublik geworden, hätte es nicht Radikale und Extremisten gegeben, die nicht auf persönliche Bereicherung, sondern auf Veränderung der bestehenden Verhältnisse aus waren? Man denke sich doch einmal die Studentenbewegung aus unserer Geschichte fort, stelle sich vor, sie habe nicht stattgefunden – wie gelähmt wäre unser Bildungswesen denn heute?“

11.8 Diskutieren Sie, auf welche Bereiche des Alltagslebens (z. B. Familie, Beruf, Ausbildung) sich eine Regelung wie der Radikalenerlaß auswirkt.

11.9 Stellen Sie sich vor, Sie wären von einer Art Radikalenerlaß betroffen und müßten sich in verschiedenen Bereichen dazu äußern (gegenüber Familie, staatlichen Institutionen, Presse etc.). Formulieren Sie entsprechende Äußerungen/Dialoge.

12. Aufgaben zum Textvergleich

12.1 ▶ Nennen Sie nochmals kurz die Themen eines jeden Textes dieser Arbeitseinheit.

12.2 ▶ Inwiefern berühren sich die beiden Themenkreise dieser Arbeitseinheit – soziale Bedingungen in der Bundesrepublik Deutschland und die ‚neue Ostpolitik'?

12.2.1 Legen Sie Überschneidungsbereiche der beiden Themen zunächst mit Hilfe Ihrer Kenntnisse und Ihrer Kombinationsfähigkeit dar (Stichwort: *sozial*).

12.2.2 Suchen Sie Textstellen heraus, in denen sich diese thematischen Überschneidungen dokumentieren.

12.3 ▶ Führen Sie bitte stichwortartig andere Themenbereiche auf, die verschiedenen Texten dieser Arbeitseinheit gemeinsam sind. Formulieren Sie vergleichende Aussagen.

Beispiel: Zusatztext 1, Zeile 8 – – – *eine gewisse Unsicherheit*
Zusatztext 4, Zeile 22/23 – – – *Angst und Hysterie*
Während im Zusatztext 1 die Stimmungslage in der Bevölkerung angesichts außenpolitischer Entwicklungen Ende 1967 geschildert wird, spricht der Zusatztext 2 von negativen Gefühlen und Reaktionen bestimmter Teile der Bevölkerung angesichts innenpolitischer Praktiken rund 10 Jahre später.

13. Aufgaben zum kapitelübergreifenden Themenvergleich

Sie haben bisher zu einer ganzen Reihe von Themen Informationen erhalten. Einige landeskundlich interessante Fragestellungen sind dabei weniger explizit behandelt worden als andere, obwohl sie in fast jeder Gesellschaft auf diese oder jene Weise eine wichtige Rolle spielen.

▶ Sie sollen jetzt zu solch einem Thema eine Stellungnahme schreiben oder ein Kurzreferat halten. Dazu werden Ihnen jeweils Textstellen genannt. Vergegenwärtigen Sie sich deren Kontexte (Stellenangaben!). Benutzen Sie nun die Informationen (in angemessener Reihenfolge!), die sich aus diesen Texten gewinnen lassen (Darstellungsperspektive!), und Ihr sonstiges Wissen sowie Hilfsmittel für Ihre Arbeit an den Themen:

(Gruppenarbeit)

13.1 – **Randgruppen der Gesellschaft**
überwiegen bei den Zuzügen die Ausländer (Arbeitseinheit 1: Zusatztext 1)
mit Angehörigen der älteren Generation ... zusammenleben (Arbeitseinheit 3: Zusatztext 2)
einige wenige Reiche (Arbeitseinheit 3: Zusatztext 3)
die oppositionellen Studenten (Arbeitseinheit 6: Zusatztext 6)
die elende Praxis des Radikalenerlasses (Arbeitseinheit 7: Zusatztext 4)

13.2 – **Zur Rolle der Frau**

die Gelegenheit zur Ablenkung und zur Untreue (Arbeitseinheit 3: Zusatztext 1)
meine Frau und die Kinder wollen ja schließlich auch mal was von mir haben – Ich arbeite als Aufwartefrau (Arbeitseinheit 3: Zusatztext 2)
Bei 500 Müttern erkundete sie das Erziehungsideal (Arbeitseinheit 3: Zusatztext 4)
mit seinem Lied ‚Mama' (Arbeitseinheit 5: Zusatztext 6)
Ehefrauen neu auf dem Arbeitsmarkt (Arbeitseinheit 8: Zusatztext 2)

13.3 – **Zur Funktion der Massenmedien**

Zugang zu oder Verfügung über Massenkommunikationsmittel (Arbeitseinheit 2: Zusatztext 1)
der neue Fernseher – Konsumwerbung (Arbeitseinheit 3: Zusatztext 2)
in einer Fernseh-Show des ZDF (Arbeitseinheit 5: Zusatztext 6)
Springer-Kampagne (Arbeitseinheit 6: Zusatztext 6)
kurz ein weiteres Thema anpeilen (Arbeitseinheit 7: Zusatztext 3)
Wir konnten aus der Presse erfahren (Arbeitseinheit 8: Zusatztext 5)

13.4 – **Vergangenheitsbewältigung**

ein vorhitlerisches Deutsches Reich (Einführungskapitel S. 5)
ethische Gesundung des deutschen Volkes (Arbeitseinheit 1: Ausgangstext)
endlich ein Gefühl für demokratische Spielregeln entwickeln (Arbeitseinheit 3: Zusatztext 3)
von 1933 bis 1945 Mitglied der NSDAP (Arbeitseinheit 5: Zusatztext 2)
Das ist nicht neu in diesem Land (Arbeitseinheit 6: Zusatztext 7)
die Katastrophe der Demokratie in Deutschland (Arbeitseinheit 7: Zusatztext 4)

13.5 – **Staat und Militär**

ein deutscher Verteidigungsbeitrag (Arbeitseinheit 4: Zusatztext 1)
den Vorwurf des Militarismus (Arbeitseinheit 4: Zusatztext 6)
Wehrdebatte – eine starke Armee (Arbeitseinheit 5: Ausgangstext)
Aufrüstung kam nicht in Frage (Arbeitseinheit 6: Zusatztext 4)

Arbeitseinheit 8

Zu Umweltfragen in der Bundesrepublik Deutschland

Inhaltliche Lernziele:

- Sich aus Texten und anderen Materialien Kenntnisse über Umweltfragen im weitesten Sinne (inklusive Energiekrisen und Industrialisierungsprobleme) beschaffen.
- Den Zeitraum 1975 bis 1979 trotz seiner Nähe als „historische" Periode begreifen, in der Probleme der Bundesrepublik Deutschland mit weltweiten Entwicklungen und Krisen zusammentreffen.

Methodische Lernziele:

- Die erworbenen Techniken der Texterschließung und Informationsbeschaffung und -verarbeitung selbständig und reflektiert einsetzen.

1. **Orientierungsteil**

1975	Feb.	Entführung Lorenz (Berliner CDU). Bauplatz KKW Wyhl besetzt. Bundesverfassungsgericht gegen § 218-Reform.
	Apr.	Süd-Vietnam kapituliert. Deutsche Botschaft Stockholm von Terroristen überfallen.
	21. Mai	Beginn Stammheimer Prozeß gegen Baader-Meinhof-Gruppe.
	Juli	Bundesumweltamt (Berlin). Bundesrepublik Deutschland–Brasilien: KKW-Lieferung.
	Okt.	Schmidt in VR China. Bundesrepublik Deutschland–Polen: Rücksiedlung Deutscher.
	Dez.	Hochschulrahmengesetz.
1976	Mai	Neues Mitbestimmungsgesetz.
	Aug.	Anti-Terror-Gesetz.
	Sep.	Tod Mao Tse-tungs.
	3. Okt.	Wahlen: Schmidt bleibt Bundeskanzler.
	Nov.	Carter US-Präsident. Massenprotest gegen KKW Brokdorf (14. 11.). Spannung CSU–CDU, Strauß anti Kohl.

1977		Terroranschläge: Ermordung von Generalbundesanwalt Buback, Bankier Ponto, Arbeitgeberpräsident Schleyer.
	Juni	Arbeitgeber: Verfassungsbeschwerde gegen Mitbestimmung, DGB kündigt Konzertierte Aktion.
1978	Jan.	Manifest kommunistischer Oppositioneller in der Deutschen Demokratischen Republik veröffentlicht.
	Feb.	Druckerstreik wegen neuer Technologie, Aussperrung.
1979		
	16. Jan.	Schah ins Exil.
	1. Feb.	Khomeini nach Iran.
	Apr.	Debatte über Verjährung von NS-Verbrechen. Nach Harrisburg: Demos gegen Grohnde, Kalkar, Gorleben u. a. KKW.
	23. Mai	Carstens Bundespräsident.
	15. Juni	UdSSR–USA: SALT II.
	2. Juli	Strauß (CSU) Kanzlerkandidat für CDU/CSU.

2. Ausgangstext

Gut 25 Jahre haben die Bundesbürger mit der Einwegflasche gelebt. Anfangs recht widerwillig, weil es damals der Kriegs- und Notzeiten gewöhnten Generation leid tat, eine gut erhaltene Flasche auf den Müll zu werfen, die noch wenige Jahre zuvor ein Wertgegenstand gewesen war. Jetzt haben Umweltschutzüberlegungen die Pfandflasche wieder in den Vordergrund gerückt. (...)
Die damals geltenden wirtschaftlichen Argumente plädierten gegen die Pfandflasche. Der Rücktransport des Leergutes war lohnintensiv und teuer, er belastete die Straßen, der wachsende Flaschenbedarf versprach zusätzliche Arbeitsplätze. So wurde die Einwegflasche in der Bundesrepublik zum Einstieg in die Wegwerfgesellschaft. Sie war damals für den einzelnen wie für die Volkswirtschaft billiger als die herkömmliche Pfandflasche.
Inzwischen gibt es aber auch Gründe, die gegen die Einwegflasche sprechen. Die Umweltschutzreferenten der Länder prüfen, ob nicht per Gesetz wieder zur Pfandflasche zurückgekehrt werden sollte, eine Möglichkeit, die auch die Bundesregierung in ihren Umweltschutzberichten ausdrücklich offengehalten hat. Gäbe es erst ein gesetzliches Flaschenpfand, ließe sich jede Flasche bis zu 20mal nutzen, was je Flasche eine Energieeinsparung von 180 Gramm Rohöl und selbst bei einer Verwendung von Altglas noch eine solche von 100 Gramm bedeuten würde. Um 100 Gramm Salzfracht würden außerdem unsere Flüsse weniger belastet, die das Calziumchlorid, das bei der für die Glasproduktion notwendigen Sodaherstellung anfällt, aufzunehmen haben. Und das bei bisher etwa 4,4 Milliarden erzeugten Einwegflaschen jährlich.
Noch ist offen, ob aus energie- und umweltpolitischen Gründen der Einwegflasche tatsächlich der Garaus gemacht wird. Wie immer aber die Angelegenheit ausgehen wird: An einer simplen Getränkeflasche ist abzulesen, wie sehr sich die welt- und rohstoffwirtschaftliche Landschaft innerhalb eines Vierteljahrhunderts gewandelt hat.

Worterklärungen

die Einwegflasche, -n – nach Entleerung zum Wegwerfen bestimmte Flasche; *die Pfandflasche, -n* – Flasche, für die man bei Rückgabe vorher dafür bezahltes Geld zurückerhält; *anfallen* – hier: entstehen; *den Garaus machen* – vernichten, beseitigen; *die Landschaft,* ./. – hier: der Gesamtbereich.

3. **Aufgaben zum Leseverständnis des Ausgangstextes**

▶ Nennen Sie die Problembereiche, die der Text anspricht. Formulieren Sie dazu zusammenhängende Aussagen.

4. **Aufgaben zur Texterschließung**

▶ Sie haben sich in den vorangegangenen Arbeitseinheiten zur Texterschließung brauchbare Arbeitstechniken angeeignet. Analysieren Sie bitte den Ausgangstext in der gewohnten Weise. Fassen Sie sodann Ihre Ergebnisse kurz zusammen. (Lösung S. 131)

5. **Zusatztext 1**

Der größte Ballungsraum der Bundesrepublik gilt nun auch offiziell als ein Problemgebiet. (...) Die Zukunft der bevölkerungsstärksten deutschen Region steht auf dem Spiel. Arbeitslosigkeitsraten von 8,7 Prozent in Gelsenkirchen und 8,4 Prozent in Duisburg, die weit über dem Bundesdurchschnitt liegende Unterbeschäftigung in den übrigen Revierstädten kennzeichnen den Ernst der Lage. Mit den Folgen der Rezession allein ist dieser Minusrekord nicht mehr zu erklären. Er markiert vielmehr unübersehbar eine chronische Auszehrung, die das Revier von 1957 bis 1976 über 360000 Arbeitsplätze im Industriebereich gekostet hat. Überalterung, ein Heer von Frührentnern und die Abwanderung von mehr als einer halben Million Menschen während der letzten 13 Jahre verdunkeln zusätzlich das Bild des einstmals „goldenen Westens".
Was verursachte die Talfahrt des Reviers? Seine Abhängigkeit von den krisenanfälligen Industriebereichen Kohle und Stahl allein begründet die Schwierigkeiten nicht. Mindestens ebenso viel Schaden erleidet die Ruhr durch ihre politische Monostruktur. In den Rathäusern, wo, mit wenigen Ausnahmen, seit Kriegsende die Sozialdemokraten regieren, haben sich Mittelmäßigkeit, Ideenarmut und Vetternwirtschaft breitgemacht. (...)

Die zur Verbesserung der Lebensbedingungen nötige Entflechtung von Wohn- und Industriegebieten wurde nie systematisch in Angriff genommen, die Ansiedlung neuer Betriebe zu spät forciert. (...) Anziehend wie zu seinen besten Zeiten wird das Ruhrgebiet erst wieder sein, wenn es sichere Arbeitsplätze und guten Verdienst garantiert. Selbsthilfe muß das erste Gebot der betroffenen Gemeinden und des Landes sein. Die Zielrichtung liegt fest: Neue Industrien anzusiedeln und die mittelständischen Betriebe zu unterstützen. Aber ohne großzügige Förderungsmaßnahmen des Bundes werden sich die „Anzeichen einer sterbenden Region" mehren. Das Ruhrgebiet – ein hilfsbedürftiger Landstrich? Es wird dauern, bis diese Tatsache politisch akzeptiert ist. Aber gerade weil von der Ruhr so lange wichtige Anstöße für Wiederaufbau und Wohlstand der Bundesrepublik kamen, sollte es jetzt auf Solidarität rechnen dürfen.

Worterklärungen

der Ballungsraum, ¨e – hier: Gebiet mit sehr dichter Bevölkerung/Bebauung/Industrialisierung etc.; *die Auszehrung, ./.* – hier: wirtschaftliche Schwächung; *krisenanfällig* – hier: wirtschaftlich schnell gefährdet; *die Vetternwirtschaft, ./.* – hier: Begünstigung von Parteifreunden bei Stellenbesetzungen; *der Landstrich, -e* – hier: überschaubares/begrenztes Gebiet.

6. **Bearbeitungshinweise zum Zusatztext 1**

6.1 Beschäftigen Sie sich nach Feststellung der Herkunftsbedingungen des Textes auf dessen Grundlage und unter Hinzuziehung Ihrer sonstigen Kenntnisse mit der Frage, warum das Ruhrgebiet hier der *einstmals „goldene Westen“* genannt wird. Erklären Sie dieses Bild.

6.2 Wie ist der Hinweis auf die Krisenanfälligkeit von Stahl und Kohle zu verstehen?

6.3 Diskutieren Sie die Probleme, die mit einer *politischen Monostruktur* verbunden sein können.

6.4 Erörtern Sie die Frage, ob das Interesse der Großmächte am Ruhrgebiet nach Kriegsende ein (zumindest wirtschaftspolitischer) Irrtum war.

6.5 Was würden Sie als Hilfe für das *Revier* vorschlagen?

7. **Zusatztext 2**

Wir haben seit drei bis vier Jahren eine Million Arbeitslose im Jahresdurchschnitt, und mit dieser Zahl verbinden sich die abenteuerlichsten Vorstellungen; zum Beispiel die, daß es da eine Million Menschen gibt, von denen jeder einzelne vier Jahre lang arbeitslos ist und keinen neuen Arbeitsplatz finden kann oder will, während alle anderen 21 Millionen Arbeitnehmer ungefährdet und ohne Pause beschäftigt sind. Die Wirklichkeit sieht anders aus: In jedem Jahr suchen fünf bis sechs Millionen Menschen einen neuen Arbeitsplatz in einer neuen Firma, entweder, weil sie entlassen wurden, selber gekündigt haben, als Jugendliche oder Ehefrau neu auf den Arbeitsmarkt treten oder weil sie einen selbständigen Beruf aufgeben müssen. Wenn man dazu noch diejenigen rechnet, die innerhalb eines Betriebs eine andere Stellung finden, dann sind es etwa zehn Millionen Menschen, die im Jahr einmal oder öfter den Arbeitsplatz wechseln.

Worterklärungen

ungefährdet – hier: ohne Angst um ihren Arbeitsplatz haben zu müssen; *auf den Arbeitsmarkt treten* – hier: Arbeit suchen.

8. **Bearbeitungshinweise zum Zusatztext 2**

8.1 Stellen Sie fest, von wem dieser Text stammt, welche Absicht der Verfasser vermutlich hatte und wessen Interessen er wahrscheinlich vertritt.

8.2 Schreiben Sie unter Verwendung der Textinformation eine kurze Rede, die ein Politiker der Regierungs- bzw. der Oppositionsparteien zur Frage der Arbeitslosigkeit halten könnte.

9. **Zusatztext 3**

Das Wegrationalisieren von Arbeitskräften ist keineswegs eine Zielsetzung der Unternehmungen, sondern Erhaltung der Wettbewerbsfähigkeit ist das Ziel. Bei Rationalisierungen treten auch eine ganze Menge positiver Effekte auf, die nicht immer richtig gesehen werden, weil man sagt: Durch diese oder jene technische Verbesserung sind jetzt wieder Arbeitskräfte freigesetzt worden. Dabei wird vergessen, daß jede Rationalisierung umfangreiche Vorbereitungen, Entwicklungs- und Planungsphasen voraussetzt, die zusätzliche Arbeitskräfte, und zwar gerade qualifizierte Arbeitskräfte, erfordern. (...)

Wer über mangelnde Nachfrage, mangelndes Wirtschaftswachstum und als Folge davon über mangelnde Beschäftigungsmöglichkeiten klagt, sollte bedenken, daß gerade Rationalisierungen oft mehr Nachfrage schaffen. (...) Die Nachfrage hängt entscheidend von den Preisen der Produkte ab. Wenn wir also etwa durch Rationalisierung wesentlich billigere elektronische Anlagen anbieten können, dann werden sich auch die Absatzzahlen und die Produktion erhöhen.

Worterklärungen

das Wegrationalisieren, ./. – Abschaffung, weil man den Betrieb zur Erhöhung der Effektivität zweckmäßiger organisiert; *die Entwicklungsphase, -n* – hier: Zeit der Erprobung neuer Technologien; *die Absatzzahlen* (Plural) – Verkaufsziffern, Anzahl verkaufter Produkte.

10. **Bearbeitungshinweise zum Zusatztext 3**

10.1 Stellen Sie fest, von wem dieser Text stammt, welche Absicht der Verfasser vermutlich hatte und wessen Interessen er vertritt.

10.2 Wie wird das Problem der Arbeitslosigkeit hier behandelt?

10.3 Gegen wen wendet sich der Redner? Begründen Sie Ihre Meinung.

10.4 Verfassen Sie eine Rede: Ein Arbeitgebervertreter spricht vor einer Verbrauchervereinigung. – Benutzen Sie Schlagwörter wie:

- erfreuliche Aussichten auf Preissenkungen
- Verbesserung des Angebots durch Nutzung modernster Technologien
- bedauerliche Entlassungen
- Vermeidung überhöhter Lohnkosten
- Sicherung eines gesunden Wirtschaftswachstums
- Maßnahmen zum Wohle aller.

11. **Zusatztext 4**

Die verstärkte Technisierung treibt den Energieverbrauch in die Höhe; gleichzeitig werden durch den verstärkten Einsatz von Maschinen immer mehr Arbeitsplätze überflüssig.

Rationalisierungen und steigende Technisierung werden ja nicht eingesetzt, um dem Menschen die Arbeit zu erleichtern, sondern um die Produktivität und damit die Zuwachsrate zu erhöhen, was bedeutet: verstärkte Arbeitshetze, Krisenanfälligkeit der Wirtschaft und damit Arbeitsplatzunsicherheit.

Es wird außerdem bewußt verschwiegen, daß Betriebe, die sich an einem Ort neu ansiedeln, der ihnen günstige Produktionsbedingungen bietet, häufig ältere Werke an anderen Orten stillegen. (...)

Hinzu kommt, daß Betriebe, die im Wettbewerb nicht mithalten können, weil ihre Produktion nicht so technisiert und rationalisiert werden kann, schließen müssen und die Arbeiter auf der Straße sitzen. (...)

Unter den Tisch fällt, daß meist nur Spezialisten oder besonders ausgebildete Leute für diese neuen Arbeitsplätze vorgesehen sind; die Erfahrung zeigt, daß dafür nicht Menschen aus der ansässigen Bevölkerung ausgebildet werden, sondern Fachpersonal aus anderen Regionen übernommen wird.

Worterklärungen

die Zuwachsrate, -n – hier: Betrag der Steigerung des Profits; *die Arbeitshetze, ./.* – hier: Forderung von überhöhtem Arbeitstempo; *hinzu kommt* – hier: außerdem muß erwähnt werden; *auf der Straße sitzen* – hier: arbeitslos sein; *unter den Tisch fallen* – hier: nicht beachtet/berücksichtigt/gesagt werden; *ansässig* – an dem betreffenden Ort wohnend, dort beheimatet.

12. **Bearbeitungshinweise zum Zusatztext 4**

12.1 Vergleichen Sie diesen Text mit den Zusatztexten 2 und 3 hinsichtlich der Aussagen über Arbeitslosigkeit.

12.2 Stellen Sie weitere gemeinsame Themenbereiche fest, zu denen die Texte Aussagen machen.

12.3 Ermitteln Sie die Herkunftsbedingungen des Zusatztextes 4.

12.4 Was ist eine *Bürgerinitiative*? (s. **Anhang II**: F) – Kennen Sie welche? Beschreiben Sie deren Ziele und Organisationsformen.

12.5 Überlegen Sie, was eine *Bürgerinitiative* mit einem *Interessenverband* gemeinsam hat und was beide unterscheidet.

12.6 Veranstalten Sie eine Diskussion zu einem „neuen Konjunkturprogramm“ in der Bundesrepublik (von der Regierung gefördert aus Steuergeldern), in der Stimmen der Arbeitgeber, der Gewerkschaften, der ausländischen Arbeitnehmer, der Parteien (welcher?) vertreten sein sollen.

12.7 Erläutern Sie die Arbeitsmarktlage in Ihrem Land.

12.8 ▶ Diskutieren Sie das Problem moderner Technologien unter dem Aspekt des Verhältnisses von hochindustrialisierten Ländern und sogenannten Entwicklungsländern. Äußern Sie sich in diesem Zusammenhang auch zu den Schlagwörtern *„Ostblock – Westblock“* und *„Nord-Süd-Konflikt“*.

13. Zusatztext 5

ÖTV-Arbeitskreis Rechtspraktikanten — Bremen, 8. November 1976

Resolution

Der Arbeitskreis Rechtspraktikanten erklärt seine Solidarität mit den Bewohnern der Wilster Marsch, die sich gegen die Errichtung eines Kernkraftwerkes in Brokdorf wehren!

Wir schließen uns der Forderung dieser Bürger an, weder in Brokdorf noch anderswo Kernkraftwerke zu errichten. Die sog. „friedliche Nutzung der Atomenergie“ lehnen wir ab, solange die Gefahr radioaktiver Verseuchung nicht mit absoluter Sicherheit durch entsprechende Verfahren und technische Mittel ausgeschlossen werden kann; dies betrifft nicht nur den Betrieb von KKW selbst, sondern bezieht sich auch und gerade auf die bisher ungelösten Probleme der Entsorgung (Atom-Müll-Wiederaufbereitung und -Lagerung).

Wir verurteilen das verantwortungslose Vorantreiben dieser Art von Energieproduktion, da hier den wirtschaftlichen Interessen einiger Konzerne ohne Rücksicht auf das Leben und den Willen der Bürger nachgegeben wird.

Wir konnten aus der Presse erfahren, daß die Konzernherren der NWK (Nordwestdeutsche Kraftwerke AG) die Arbeitnehmer ihrer Betriebe aus allen Teilen der BRD nach Brokdorf gebracht haben, um sie dort in einer Demonstration für ihr Kraftwerk vorzuführen. Es erfüllt uns mit Empörung, daß derlei Unternehmer-Machenschaften von den ÖTV-Kollegen gutgeheißen werden, die sich durch die Rede von zu schaffenden Arbeitsplätzen haben in die Irre leiten lassen. (...)

Gerade die ÖTV-Kollegen sollten wissen, daß die Abdeckung vermehrten Energiebedarfs durch Atomstrom in erster Linie der Weg-Rationalisierung von Arbeitsplätzen in der gesamten Industrie dient – so der Staatssekretär Rohwedder. (...)

Wir rufen alle Kollegen auf, gemeinsam mit den Umweltschutz-Bürgerinitiativen am Sonntag, dem 13. 11. 1976 in Brokdorf gegen den Bau des Kernkraftwerkes zu demonstrieren!

Worterklärungen

Wilster Marsch – flacher und fruchtbarer Landstrich an der Elbe westlich von Hamburg, Weideland für Vieh; *die Verseuchung, -en* – lebensgefährliche Verunreinigung; *nachgeben* – hier: folgen, zustimmen; *vorführen* – hier: öffentlich zeigen (demonstrieren lassen), zugleich auch zum Schaden der „Vorgeführten“ benutzen; *die Machenschaft, -en* – Intrige; Trick, durch den andere betrogen werden; *in die Irre leiten* – auf den falschen Weg bringen; *die Abdeckung, ./.* – hier: Befriedigung durch entsprechendes Angebot, Sicherung.

14. **Bearbeitungshinweise zum Zusatztext 5**

14.1 Äußern Sie sich zur Interessenlage der Verfasser.

14.2 Nennen Sie die Gründe, weshalb sich die Verfasser gegen Kernkraftwerke aussprechen.

14.3 In welchen Punkten begegnen sich ihre Argumente mit Äußerungen vorhergehender Texte dieser Arbeitseinheit?

14.4 Welche Argumente sind neu? Wie läßt sich das begründen?

14.5 Analysieren Sie den Aufbau des Textes. Warum sind in der Resolution möglicherweise die Argumente gerade so geordnet?

14.6 In welchen Situationen sind Ihrer Meinung nach Resolutionen angebracht, und an wen wenden sie sich?

14.7 Verfassen Sie selbst (eine) Resolution(en) gegen Mißstände, die Sie kritisieren.

15. **Zusatzmaterial 5′**

Verbalisieren Sie, was der Cartoon ausdrücken soll.

16. Zusatztext 6

Wir sind in den letzten zehn Jahren Zeugen eines Bewußtseinswandels von geschichtlicher Auswirkung: Industrielle und technologische Revolution sowie wirtschaftliches Wachstum haben die menschlichen Möglichkeiten in einem bis dahin nicht gekannten Ausmaß erweitert. Gleichzeitig wird jedoch immer deutlicher, daß dieser Prozeß zu schweren Schäden der physischen und sozialen Umwelt führt, die die Existenz des Menschen gefährden. Der Ausnutzung von Rohstoffen und Technologien sind Grenzen gesetzt. (...)

Umweltpolitik erfordert ein konsequentes Umdenken und verlangt die Änderung eingefahrener Gewohnheiten. Und zwar in doppelter Weise: Wir müssen lernen, die Umweltgefahren als ein weltweites, zugleich fast alle Bereiche des Lebens umfassendes Problem zu begreifen; und wir müssen prüfen, ob unser gesellschaftliches Wertsystem der Forderung nach einer angemessenen Qualität des Lebens standhält. (...) Dazu bedarf es fundierter Kenntnisse der weltweiten Zusammenhänge zwischen Rohstoffreserven, Nahrungsmittelproduktion, Bevölkerungswachstum, Industrialisierung und Umweltverschmutzung – um nur die wichtigsten Faktoren zu nennen. (...)

Umweltschutz nur für die hochindustrialisierten Länder wäre eine sehr kurzsichtige Lösung – und außerdem moralisch nicht vertretbar. Auch in den Entwicklungsländern kommt es durch die einseitige Bodennutzung, die konzentrierte Anwendung chemischer Stoffe und durch die beginnende Industrialisierung zu Umweltschädigungen, die sich in den kommenden Jahren vermutlich noch verstärken werden. Daß die Entwicklungsländer die bisherige Umweltschutzpolitik der Industrieländer als einen Versuch zur Erhaltung ihrer ökonomischen Vormachtstellung mißverstanden haben, liegt sicher nicht *nur* daran, daß der Nord-Süd-Konflikt mit soviel Emotionen beladen ist. (...)

Noch kontrolliert ein Drittel der Weltbevölkerung etwa 85 Prozent des Weltkapitals und verbraucht mehr als 80 Prozent der Energie- und Rohstoffproduktion. Solange diese Relationen bestehen, wird es schwer bleiben, die Entwicklungsländer mit unseren Vorstellungen von einer besseren Qualität des Lebens zu überzeugen.

Worterklärungen

das Bewußtsein, ./. – Gesamtheit des Wissens um eine Sache und der Einstellungen dazu; *der Bewußtseinswandel, ./.* – Veränderung des Bewußtseins; *eingefahren* – hier: seit langer Zeit gleich geblieben, kaum veränderbar; *das Umdenken, ./.* – intellektuelle/geistige Neuorientierung; *einer Sache standhalten* – nicht daran zerbrechen; *bedürfen* – benötigen; *fundiert* – begründet, durch Tatsachen abgesichert; *einseitige Bodennutzung* – in der Landwirtschaft: Anbau von stets derselben Art von Pflanze/Getreide etc. auf demselben Stück Land; *die Vormachtstellung, ./.* – Vorherrschaft, führende politische Stellung.

17. Bearbeitungshinweise zum Zusatztext 6

17.1 ▶ Bestimmen Sie die Herkunftsbedingungen des Textes.

17.2 ▶ Im Unterschied zu anderen Texten dieser Arbeitseinheit, die von speziellen, lokalisierbaren Industrialisierungs- und Umweltproblemen handeln, beschäftigt sich dieser Text mit allgemeinen, globalen Umweltfragen. – Welche Faktoren dieser weltweit zusammenhängenden Probleme werden genannt? Erläutern Sie sie anhand des Textes und Ihres Wissens.

17.3 ▶ Diskutieren Sie diese Aussagen im Hinblick auf die Zukunftschancen der Menschheit. Welche Bedingungen halten Sie für wesentlich zur Gewährleistung einer menschenwürdigen Zukunft für alle?

17.4 ▶ Was hat die Beschäftigung mit solch einem Text mit Landeskunde zu tun?

18. **Aufgaben zum Textvergleich**

18.1 ▶ Führen Sie bitte überschriftenartig das Thema eines jeden Textes dieser Arbeitseinheit auf und vergleichen Sie – ebenfalls kurz – die Herkunftsbedingungen der Texte und Redeintentionen der Verfasser.

18.2 ▶ Schreiben Sie bitte einen Text, der den Zusammenhang zwischen Umweltproblemen und der Arbeitsmarktsituation in der Bundesrepublik Deutschland beleuchtet. Benutzen Sie dabei Aussagen der Texte dieser Arbeitseinheit zu den Stichwörtern: *Wegwerfgesellschaft – krisenanfällige Industriebereiche – Rationalisierungen – qualifizierte Arbeitskräfte – Produktivität – Gefahr radioaktiver Verseuchung – vermehrter Energiebedarf.*

18.3 ▶ Führen Sie thematische Überschneidungen zwischen Texten dieser Arbeitseinheit stichwortartig auf und vergleichen Sie die Äußerungen zu denselben Themenbereichen in ihren Kontexten.

Beispiel: *Wirtschaftswachstum* in Zusatztext 3, Zeile 9;
wirtschaftliches Wachstum in Zusatztext 6, Zeile 2/3
Der Verfasser von Zusatztext 3 sieht das Wirtschaftswachstum als Konsequenz hoher Nachfrage und als Bedingung für eine gute Arbeitsplatzversorgung. Er argumentiert von der Unternehmerseite her und scheint vorauszusetzen, daß ein Wirtschaftswachstum immer sein müsse und sein könne. Dagegen meint der Verfasser von Zusatztext 6 zwar, daß das wirtschaftliche Wachstum den Menschen zugute gekommen sei, daß jedoch diese Steigerung der wirtschaftlichen Leistungen nicht beliebig fortgeführt werden könne und dürfe.

19. **Aufgaben zum kapitelübergreifenden Themenvergleich**

In den vorangegangenen acht Arbeitseinheiten haben Sie sich anhand einer Vielzahl von Texten und anderen Materialien mit der Entwicklung der Wirtschaft, Gesellschaft und Politik in der Bundesrepublik Deutschland befaßt. Ihnen ist bekannt, daß in der „Stunde Null" – am Ende des Zweiten Weltkriegs – die Zukunft des von der Nazi-Herrschaft befreiten Deutschland völlig offen war (oder schien). Selbstverständlich verläuft die Entwicklung einer Gesellschaft, eines Staates nicht zufällig.

So sei zum Abschluß die Frage gestellt: Aufgrund welcher Gegebenheiten und Entscheidungen ist die Entwicklung der Bundesrepublik Deutschland gerade so und nicht anders verlaufen?

19.1 ▶ Äußern Sie sich bitte zu folgenden Stichpunkten im Hinblick auf die oben gestellte Frage. Belegen Sie dabei Ihre Einschätzung der Entwicklung der Bundesrepublik Deutschland mit präzisen Stellenangaben aus den aufgeführten Texten.

- Festlegung des Wirtschaftssystems (Arbeitseinheit 1: Orientierungsteil, Ausgangstext, Zusatztext 2)
- Weichenstellung für die Wirtschaftspolitik (Arbeitseinheit 2: Zusatztext 1, Zusatztext 2; Arbeitseinheit 3: Zusatztext 3; Arbeitseinheit 6: Zusatztext 2; Arbeitseinheit 8: Zusatztext 6)
- Festlegung der Blockzugehörigkeit (Arbeitseinheit 1: Ausgangstext; Arbeitseinheit 3: Orientierungsteil; Arbeitseinheit 4: Zusatztext 4; Arbeitseinheit 6: Zusatztext 4)
- Bestimmung des politischen Systems (Arbeitseinheit 1: Orientierungsteil; Arbeitseinheit 2: Orientierungsteil, Ausgangstext; Arbeitseinheit 3: Orientierungsteil; Arbeitseinheit 6: Zusatztext 4)
- Entscheidungen in Fragen der Rüstung (Arbeitseinheit 2: Orientierungsteil; Arbeitseinheit 3: Orientierungsteil; Arbeitseinheit 4: Zusatztext 1; Arbeitseinheit 6: Zusatztext 4)
- Festlegungen in der deutschen Frage (Arbeitseinheit 2: Orientierungsteil; Arbeitseinheit 4: Zusatztext 2, Zusatztext 4; Arbeitseinheit 7: Orientierungsteil, Zusatztext 1; Text im Einführungskapitel; Arbeitseinheit 7: Zusatztext 3)

19.2 ▶ Vergegenwärtigen Sie sich einige nicht im engen Sinne politische Erscheinungen der bundesdeutschen Alltagskultur (z. B. Konsumverhalten, Musik). Stellen Sie in einem kurzen Text dar, durch welche Entwicklungen und Einflüsse seit 1945 ihr Auftreten begünstigt wurde.

20. Lernerfolgskontrolle

20.1 ▶ Kreuzen Sie bitte die Äußerungen an, die den Angaben in Arbeitseinheit 7 und Arbeitseinheit 8 entsprechen (manchmal mehrere, manchmal keine).

(a) Die UdSSR intervenierte
1967 in Polen.
1967 in der DDR.
1968 in der Bundesrepublik.

(b) Der Grundlagenvertrag zwischen den deutschen Staaten wurde
von Brandt unter der großen Koalition
1970 unter der Regierung Brandt/Scheel
1972 zur Zeit der Bundestagswahlen
geschlossen.

(c) Im Krankheitsfall erhalten
- Arbeiter seit 1969
- Angestellte seit 1969
- Arbeiter seit 1966

eine bis zu sechswöchige Fortzahlung des Bruttolohns.

(d) Für das Bundesgebiet darf nur
- das Bundesverfassungsgericht
- der Alliierte Kontrollrat
- der Bundesrat

Parteien verbieten.

(e) Im Jahre 1972 beschloß
- die Ministerpräsidentenkonferenz
- der Bundestag
- das Bundesverfassungsgericht

den „Radikalenerlaß".

(f)
- Nach Brandts Rücktritt im Jahre 1974
- Nach dem Mißtrauensvotum gegen Brandt 1972
- Nach dem Wahlsieg über Brandt

wurde Schmidt Bundeskanzler.

(g) Am 30. Jahrestag des Grundgesetzes der Bundesrepublik Deutschland wurde
- Scheel (FDP) Bundespräsident.
- Carstens (CDU) Bundespräsident.
- Carstens (CDU) Nachfolger von Scheel.

(h) Im größten Ballungsraum der Bundesrepublik Deutschland
- regiert seit Kriegsende die SPD/FDP-Koalition.
- herrschen hohe Arbeitslosigkeitsraten.
- werden viele Atomkraftwerke gebaut.

(i) Von den ungefähr
- 60 Millionen Arbeitnehmern in der Bundesrepublik
- 22 Millionen Arbeitern in der Bundesrepublik
- 22 Millionen Arbeitnehmern in der Bundesrepublik

bemühen sich etwa 10 Millionen pro Jahr um einen neuen Arbeitsplatz.

(j) Gut 30 Prozent der Weltbevölkerung
- verfügen über etwa 85% des Weltkapitals.
- verbrauchen mehr als 80% der Rohstoffe.
- verbrauchen über 80% der Energieproduktion.

20.2 ▶ Wählen Sie unter den zehn Punkten zwei aus, die sich Ihrer Meinung nach zueinander in eine sinnvolle Beziehung bringen lassen. Stellen Sie diesen Zusammenhang in einem kurzen Text dar.

Anhang I

Quellennachweis

Einführungskapitel: vgl. Arbeitseinheit 7, Zusatztext 2

Arbeitseinheit 1: Zum Wohnungs- und Städtebau in der Bundesrepublik Deutschland

Ausgangstext: Hans-Jürgen Nörnberg, Dirk Schubert: *Massenwohnungsbau in Hamburg. Materialien zur Entwicklung und Veränderung Hamburger Arbeiterwohnungen und -siedlungen 1800–1967. Analysen zum Planen und Bauen 3.* Verlag für das Studium der Arbeiterbewegung, West-Berlin 1975. S. 237–239 und 254f. (Auszüge mit Umstellungen und einigen Veränderungen.)

Zusatztext 1: Ulrich Pfeiffer: *„Werden unsere Städte zu Slums?"* In: *Die Zeit*: 10. 12. 1976. S. 56 (Themen der Zeit). (Auszüge, mit Kürzungen.)

Zusatztext 2: Alexander Mitscherlich: *Thesen zur Stadt der Zukunft.* Suhrkamp-Verlag, Frankfurt/M. 1971.

Zusatzmaterial 2′: In: *Stern*: 25. 10. 1979.

Arbeitseinheit 2: Zu Institutionen in der Bundesrepublik Deutschland

Ausgangstext: Joachim Milewski: *Institutionen, Interessenverbände und Gesetzgebung in der Bundesrepublik Deutschland.* In: Ernst Heinrich von Bernewitz (Hrsg.): *Wirtschaft und Politik verstehen. Didaktisches Sachbuch zur Vorgeschichte und Geschichte der Bundesrepublik.* Erläuterungen – Materialien – Arbeitsvorschläge. © Rowohlt Taschenbuch Verlag GmbH, Reinbek bei Hamburg 1978. S. 209, 210.

Zusatztext 1: Ebenda. S. 218, 219. (kleine Veränderungen, Auslassungen).

Zusatztext 2: Richard Schmid: *Unser aller Grundgesetz? Praxis und Kritik.* S. Fischer, Frankfurt/M. 1971. S. 74, 75 (minimale Kürzungen.) Mit freundlicher Genehmigung des Autors.

Zusatzmaterial 2′: In: *Der Spiegel* 49/78. S. 44.

Arbeitseinheit 3: Zu Familienstrukturen in der Bundesrepublik Deutschland

Ausgangstext: *Bottroper Protokolle. Aufgezeichnet von Erika Runge.* Vorwort von Martin Walser. Suhrkamp Verlag, Frankfurt/M. 1968. S. 105, 106. (Auszug).

Zusatztext 1: Dr. Ulrich Beer: *Familien- und Jugendsoziologie. Ein Abriß für die sozialpädagogische Ausbildung und Arbeit.* © 1961 Hermann Luchterhand Verlag, Neuwied. S. 28/29 und 30. (Auslassungen.)

Zusatztext 2: Peter Grubbe: *Verschenkte Jahre. Report über die Lage der älteren Generation und die Möglichkeiten, ihr Leben menschenwürdig zu gestalten.* Schuler-Verlagsgesellschaft mbH, Herrsching (Edition Praeger) München (o.J.). S. 32/33 u. 34. (Auslassungen)

Zusatztext 3:	Michael Jungblut: *Die Reichen und die Superreichen in Deutschland.* © Hoffmann und Campe Verlag, Hamburg. (Entnommen aus: K. Hartwig, K. H. Stoll: *Die Bundesrepublik Deutschland, Bd. 2: Wirtschaft und Gesellschaft.* Schriften und Materialien zur Gemeinschaftskunde, Reihe A. Herausgeber: R. Geipel, W. Haseloff, Verlag Moritz Diesterweg, Frankfurt/M. 1977. 4. durchgesehene Auflage. S. 83, 84.)
Zusatzmaterial 3′:	In: *Der Spiegel* 49/78. S. 92.
Zusatztext 4:	Hans Peter Bleuel: *Kinder in Deutschland.* © 1971 Carl Hanser Verlag. S. 129. (Zur Kürzung etwas geändert).

Arbeitseinheit 4: Zur Auseinandersetzung der Systeme Bundesrepublik Deutschland–DDR

Ausgangstext 1:	Appell Adenauers vom 17. Juni 1961 an Chruschtschow, den Deutschen das Selbstbestimmungsrecht zu gewähren. In: *Dokumentation zur Deutschlandfrage.* Von der Atlantik-Charta 1941 bis zur Berlin-Sperre, Hauptband II, ... Zusammengestellt von Dr. Heinrich Siegler. Siegler & Co., Verlag für Zeitarchive, Bonn 1961. S. 581. (Dokument 569).
Ausgangstext 2:	Telegramm des Staatsrates der DDR am 28. Juni 1961. In: *Dokumentation.* A.a.O. S. 595 (Dokument 577).
Zusatztext 1:	Rede Gerstenmaiers vom 30. Juni 1961 im Bundestag zur Deutschland- und Berlin-Frage. In: *Dokumentation.* A.a.O. S. 596, 597, 598. (Dokument 578).
Zusatztext 2:	Beschluß der Volkskammer zum Friedensplan der DDR am 6. Juli 1961. In: *Dokumentation.* A.a.O. S. 601. (Dokument 579). (Auszüge).
Zusatztext 3:	Beschluß der Volkskammer vom 11. August 1961. In: *Dokumentation.* A.a.O. S. 683. (Dokument 598).
Zusatztext 4:	Erklärung Adenauers vom 13. August 1961. In: *Dokumentation.* A.a.O. S. 687. (Dokument 600).
Zusatztext 5:	Rede Walter Ulbrichts vom 25. August 1961. In: *Dokumentation.* A.a.O. S. 721, 722. (Dokument 620).
Zusatztext 6:	Hartmut von Hentig: *Berliner Gespräche.* In: Hermann Glaser (Herausgeber): *Bundesrepublikanisches Lesebuch,* © 1978 Carl Hanser Verlag, München. S. 475.

Arbeitseinheit 5: Zum Kulturleben in der Bundesrepublik Deutschland

Ausgangstext:	Heinrich Böll: *„Aufsätze, Kritiken, Reden“.* © 1967 by Kiepenheuer & Witsch, Köln. S. 78. (Über: K. Adenauer, Erinnerungen, I, 1965).
Zusatztext 1:	Günter Grass: *Über das Selbstverständliche. Reden, Aufsätze, Offene Briefe, Kommentare.* © 1968 Hermann Luchterhand Verlag, Darmstadt. S. 19.
Zusatztext 2:	Ebenda. S. 128, 129/130 und 131. (Kürzungen).
Zusatztext 3:	Günter Eich: *Huhu.* In: *Zu den Akten. Gedichte.* Suhrkamp-Verlag, Frankfurt/M. 1964. S. 58.
Zusatztext 4:	Günter Eich: *Verspätung.* In: *Anlässe und Steingärten. Gedichte.* Suhrkamp-Verlag, Frankfurt/M. 1966. S. 65.

Zusatztext 5: Hermann Bausinger: *Zur Problematik des Kulturbegriffs*. In: *Jahrbuch Deutsch als Fremdsprache*. Herausgegeben von Alois Wierlacher u. a. Band 1. 2., durchgesehene Auflage. © 1976 Julius Groos Verlag, Heidelberg. S. 7/8 und 15. (Auszüge und Auslassungen, leicht verändert.)

Zusatztext 6: Werner Mezger: *Schlager. Versuch einer Gesamtdarstellung unter besonderer Berücksichtigung des Musikmarktes der Bundesrepublik Deutschland*. Tübinger Vereinigung für Volkskunde eV., Tübingen 1975. S. 208/209 und 229. (Auszüge).

Arbeitseinheit 6: Zum Bildungssystem in der Bundesrepublik Deutschland

Ausgangstext: *Bildungsbericht '70*. Bericht der Bundesregierung zur Bildungspolitik. Der Bundesminister für Bildung und Wissenschaft. Bonn 1970. S. 18/19. (Auslassungen).

Zusatztext 1: Adolf Brock, Renate Röver: *Schulbildung und Berufschancen*. In: *Berufsausbildung – Reformpolitik in der Sackgasse? Alternativprogramm für eine Strukturreform*. Herausgegeben von Reinhard Crusius u. a. (rororo aktuell Bd 1768) © Rowohlt Taschenbuch Verlag GmbH, Reinbek bei Hamburg 1974. S. 39 und 43. (Auszüge).

Zusatztext 2: von Bernewitz. A.a.O. S. 369 und 376. (Auszüge.)

Zusatztext 3: Gerhard Bauß: *Die Studentenbewegung der sechziger Jahre in der Bundesrepublik und Westberlin*. Handbuch. Pahl-Rugenstein, Köln 1977. S. 142, 144. (Auszüge).

Zusatztext 4: Karl Jaspers: *Wohin treibt die Bundesrepublik?* (1966). In: *Bundesrepublikanisches Lesebuch*. A.a.O. S. 360/361.

Zusatztext 5: Gerhard Bauß. A.a.O. S. 35/36. (Auslassungen).

Zusatztext 6: Ebenda. S. 77.

Zusatztext 7: *„2. Juni"*. Text und Musik: Franz Josef Degenhardt. In: Annemarie Stern, *Lieder gegen den Tritt. Politische Lieder aus fünf Jahrhunderten*. Herausgeber Arbeitskreis Progressive Kunst. Asso Verlag Anneliese Althoff, Oberhausen 1972. S. 403.

Arbeitseinheit 7: Zu sozialen Bedingungen in der Bundesrepublik Deutschland

Ausgangstext: Wilfrid Schreiber: *Um die soziale Sicherheit*. In: *Die zweite Republik – 25 Jahre Bundesrepublik Deutschland – eine Bilanz*. Herausgegeben von Richard Löwenthal und Hans-Peter Schwarz. Seewald Verlag GmbH & Co., Stuttgart 1974. S. 811 und 812. (Auslassungen).

Zusatztext 1: Elmar Krautkrämer: *Die Bundesrepublik Deutschland. Ihre Entstehung und Entwicklung*. Verlag Moritz Diesterweg, Frankfurt/M., Berlin, München 1975. S. 149.

Zusatztext 2: Richard Löwenthal: *Vom kalten Krieg zur Ostpolitik*. In: *Die zweite Republik*. A.a.O. S. 690/691. (Auszüge).

Zusatztext 3: 11. September 1975. Bundesminister Franke: *Zum Stand des innerdeutschen Dialogs*. (Deutschlandfunk-Interview). In: *Texte zur Deutschlandpolitik*. Reihe II/Band III (30. Januar 1975 bis 19. Dezember 1975). Herausgegeben vom Bundesministerium für innerdeutsche Beziehungen. Oktober 1976. S. 420–423. (Auszüge).

Zusatztext 4:	*„Wo hat dies begonnen, wo endet es?* Heinrich Albertz über die ‚elende Praxis des Radikalenerlasses'". In: *Der Spiegel,* Nr. 42/1978. S. 34. (Auszüge).

Arbeitseinheit 8: Zu Umweltfragen in der Bundesrepublik Deutschland

Ausgangstext:	*„Umkehr der Wegwerfgesellschaft. Umweltschutzreferenten prüfen Wiedereinführung der Pfandflasche."* In: *Weser-Kurier:* 10./11. 3. 1979. Mit freundlicher Genehmigung der Pressekorrespondenz-Verlagsgesellschaft MBH, Karben. (Kürzungen und Änderungen).
Zusatztext 1:	Dieter Buhl: *„Rettung des Reviers. Das Ruhrgebiet wird zum Politikum".* In: *Die Zeit,* 10/79. (Kürzungen und leichte Änderungen). Mit freundlicher Genehmigung des Autors.
Zusatztext 2:	(*Beitrag im Rahmen einer Podiumsdiskussion* von Dr. Dieter Mertens, Leiter des Instituts für Arbeitsmarkt- und Berufsforschung der Bundesanstalt für Arbeit in Nürnberg). In: *Stern*: 49/78. S. 92, 94. (Auszüge).
Zusatztext 3:	(*Beitrag im Rahmen einer Podiumsdiskussion* von Professor Dr. Rolf Rodenstock, Präsident des Bundesverbandes der Deutschen Industrie). In: *Stern* 49/78. S. 96. (Auszüge).
Zusatztext 4:	Bürgerinitiative Umweltschutz Unterelbe: *Brokdorf: Der Bauplatz muß wieder Wiese werden!* Verlag Association, Hamburg März 1977. S. 25/26. (Auslassungen).
Zusatztext 5:	Ebenda. S. 135/136. (Auslassungen).
Zusatzmaterial 5′:	Ebenda. S. 45.
Zusatztext 6:	Willy Brandt: *Umwelt als internationale Aufgabe.* (Wortlaut der Rede von Bundeskanzler Willy Brandt auf der Tagung der Nobelpreisträger in Lindau am 26. 6. 72). In: Johannes Schlemmer (Hrsg.): *Neue Ziele für das Wachstum. 12 Beiträge nach einer Sendereihe des „Studio Heidelberg"* Süddeutscher Rundfunk. München 1973.

Anhang II

Nachschlagewerke und weiterführende Literatur

Die hier vorgeschlagenen Titel geben Hinweise auf Arbeitsmittel, die über die Texte der Arbeitseinheiten hinausgehende Informationen enthalten. Zur Bearbeitung bestimmter Aufgaben sind diese – oder ähnliche – Quellen notwendig. Die 26 Titel sind mit den Buchstaben (A) bis (Z) versehen. Durch die Nennung des jeweiligen Buchstabens in verschiedenen Aufgaben wird auf diesen **Anhang II** verwiesen. Zur Bearbeitung der jeweiligen Aufgabe genügt es oft, lediglich einen der bezeichneten Titel heranzuziehen.

Wörterbücher:

(A) Wahrig, Gerhard: *Deutsches Wörterbuch.* Bertelsmann, Gütersloh, Berlin, München, Wien 1968, 1974.

(B) Duden – *Das große Wörterbuch der deutschen Sprache in 6 Bänden.* Dudenverlag, Mannheim, Wien, Zürich 1976ff.

Allgemeine Lexika:

(C) *Brockhaus Enzyklopädie in zwanzig Bänden.* Siebzehnte völlig neubearbeitete Auflage des Großen Brockhaus. F. A. Brockhaus. Wiesbaden 1966.

(D) *Meyers Neues Lexikon in acht Bänden,* VEB Bibliographisches Institut. Leipzig 1963.

(E) *dtv-Lexikon zur Geschichte und Politik im 20. Jahrhundert.* Hrsg. von Carola Stern, Thilo Vogelsang, Erhard Klöss, Albert Graff. (3 Bände). Durchgesehene und neubearbeitete Auflage. dtv, München 1974.

Nachschlagewerke und Handbücher zur Landeskunde der Bundesrepublik Deutschland und der Deutschen Demokratischen Republik allgemein:

(F) Drechsler/Hilligen/Neumann: *Gesellschaft und Staat. Lexikon der Politik.* Signal Verlag, Baden-Baden 1979.

(G) *Wie funktioniert das? Der moderne Staat.* Hrsg. von den Fachredaktionen des Bibliographischen Instituts. Zweite, vollständig überarbeitete Auflage. Meyers Lexikonverlag, Mannheim 1979.

(H) *Wie funktioniert das? Die Wirtschaft heute.* Hrsg. von der Fachredaktion Recht und Wirtschaft des Bibliographischen Instituts u. a. Meyers Lexikonverlag, Mannheim 1976.

(I) *Deutschland. Bundesrepublik Deutschland. Deutsche Demokratische Republik. Daten und Fakten zum Nachschlagen.* Hrsg. vom Lexikon-Institut Bertelsmann. Gütersloh, Berlin, München, Wien 1975.

(J) *Tatsachen über Deutschland. Ein Handbuch in Bildern, Texten und Zahlen.* Hrsg. in Zusammenarbeit mit dem Presse- und Informationsamt der Bundesregierung, Goldmann, München 1978.

(K) Krautkrämer, Elmar: *Die Bundesrepublik Deutschland. Ihre Entstehung und Entwicklung. Schriften und Materialien zur Gemeinschaftskunde.* Reihe A. Hrsg. von Robert Geipel und Wolfgang Haseloff. 2. Auflage (Neufassung). Diesterweg, Frankfurt/M. 1975.

(L) Hartwig/Stoll: *Die Bundesrepublik Deutschland. Band 2. Wirtschaft und Gesellschaft. Schriften und Materialien zur Gemeinschaftskunde. Reihe A.* Hrsg. von Robert Geipel und Wolfgang Haseloff. 4. durchgesehene Auflage. Diesterweg, Frankfurt/M. 1977.

(M) *Knaurs Kulturführer in Farbe. Deutschland.* Redaktion und Herausgeber: Redaktionsbüro Harenberg, Schwerte. Droemer Knaur, München/Zürich 1976.

(N) Gellert/Kramm: *DDR. Land, Volk, Wirtschaft in Stichworten.* Hirt, Wien 1977.

(O) Grünert/Siegert: *Die DDR. Staat, Gesellschaft, Wirtschaft. Schriften und Materialien zur Gemeinschaftskunde. Reihe A.* Hrsg. von Robert Geipel und Wolfgang Haseloff. 8. Auflage. Diesterweg, Frankfurt/M. 1976.

(P) Ludz, Peter Christian (Hrsg.): *DDR-Handbuch.* Verlag Wissenschaft und Politik, Köln 1975.

(Q) *Kunstland DDR.* Ein Reiseführer von Josef Adamiak und Rudolf Pillep. Beck, München 1980.

Weiterführende Literatur zu verschiedenen Bereichen der Landeskunde besonders der Bundesrepublik Deutschland

(R) Schmid, Richard: *Unser aller Grundgesetz? Praxis und Kritik.* S. Fischer, Frankfurt/M. 1971.

(S) von Bernewitz, Ernst Heinrich (Hrsg.): *Wirtschaft und Politik verstehen. Didaktisches Sachbuch zur Vorgeschichte und Geschichte der Bundesrepublik.* Erläuterungen – Materialien – Arbeitsvorschläge. Rowohlt, Reinbek bei Hamburg 1978.

(T) Grosser, Alfred: *Geschichte Deutschlands seit 1945. Eine Bilanz.* 7. Auflage. dtv, München 1979.

(U) Becker/Stammen/Waldmann (Hrsg.): *Vorgeschichte der Bundesrepublik Deutschland. Zwischen Kapitulation und Grundgesetz.* Fink, München 1979.

(V) Rudolph, Hagen: *Die verpaßten Chancen. Die vergessene Geschichte der Bundesrepublik.* Gruner & Jahr, Hamburg 1979.

(W) Rupp, Hans Karl: *Politische Geschichte der Bundesrepublik Deutschland. Entstehung und Entwicklung. Eine Einführung.* Kohlhammer, Stuttgart 1978.

(X) Schütz/Vogt: *Einführung in die deutsche Literatur des 20. Jahrhunderts. Band 3: Bundesrepublik und DDR.* Westdeutscher Verlag, Opladen 1980.

(Y) Glaser, Hermann (Hrsg.): *Bundesrepublikanisches Lesebuch. Drei Jahrzehnte geistiger Auseinandersetzung.* Hanser, München/Wien 1978.

(Z) Wagenbach/Stephan/Krüger (Hrsg.): *Vaterland, Muttersprache. Deutsche Schriftsteller und ihr Staat seit 1945.* Wagenbach, Berlin 1979.

Kartenmaterial

Diercke Weltatlas. Bearbeitung und Kartographie: Dr. Ferdinand Mayer. 44.–46. Auflage der Neubearbeitung. Westermann, Braunschweig 1979.

Lösungsteil

Die hier aufgeführten Lösungen sind Beispiele. Es ließen sich auch andere Varianten finden.
Längst nicht zu allen Aufgaben sind Lösungen angeboten. Unsere Vorschläge haben also exemplarischen Charakter, d. h. so kann man Aufgaben dieses Typus bearbeiten. Daneben gibt es dann noch Hinweise darauf, wo sich Antworten finden lassen.
Für die erste Arbeitseinheit bieten wir mit (exemplarischer) Absicht relativ viele Lösungen an.

Arbeitseinheit 1: Zum Wohnungs- und Städtebau in der Bundesrepublik Deutschland

zu 3.1 Hamburg hatte nach dem 2. Weltkrieg das Hauptziel, die Produktionsstätten wieder in Betrieb zu nehmen. Man mußte zu diesem Zweck die katastrophalen Wohnverhältnisse beseitigen. Die Menschen wohnten damals in den Randbezirken der Stadt. Die Bevölkerung sollte in die Nähe der Hauptarbeitsstätten im Hafen und im Zentrum zurückgeholt werden. Zum wirtschaftlichen Wiederaufbau war eine Verbesserung der Wohnverhältnisse nötig. Die Aufhebung der Produktionsbeschränkungen und Demontagen sowie das Wirksamwerden der Marshall-Plan-Gelder führten zur Rekonstruktion der Wirtschaft. Die Wohnraumversorgung wurde durch die Forcierung der industriellen Produktion gefördert. Die Regierung wollte die Situation auf dem Wohnungsmarkt verbessern, um die soziale und ethische Gesundung des deutschen Volkes zu ermöglichen und das Leben der Vertriebenen und Ausgebombten zu erleichtern. Die finanzielle Förderung verlagerte sich von der Bau- und Wohnungsproduktion auf die Wirtschaft. Man stellte unmittelbar nach dem Krieg ausgebrannte oder teilweise zerstörte Gebäude und Infrastruktureinrichtungen usw. wieder her. Die Stadtplaner hatten den ‚Aufbau der Stadt‘ als Ziel und wollten alte Fehler nicht wiederholen. Tatsächlich erfolgte kein Neuaufbau, sondern ein geordneter Wiederaufbau nach ausschließlich ökonomischen Gesichtspunkten.

zu 3.2 (2) Die drei *Westzonen* sind mit Hamburg Gebiete, für die die Marshall-Plan-Gelder wirksam werden. (3) Nach A bedeutet *Zone* auch *Besatzungsgebiet*; es handelt sich also um die drei von den westlichen Alliierten besetzten Teile Deutschlands. – (2) die *Demontagen* hatten offenbar die Rekonstruktion der Wirtschaft behindert. (3) in B heißt es hierzu: „Abbruch, Abbau: die D. der Industrieanlagen war Teil der Wiedergutmachung nach dem 2. Weltkrieg.“ – (2) Die *Marshall-Plan-Gelder* halfen bei der Rekonstruktion der Wirtschaft. (3) In L finden wir u. a.: „Die Vertreter von 16 europäischen Regierungen (...) arbeiteten ein Hilfsprogramm (European Recovery Program, ERP) aus, das am 22. September der US-Regierung vorgelegt wurde. Am 3. April 1948 verabschiedete der amerikanische Kongreß das Auslandshilfegesetz, dessen zentraler Bestandteil das Gesetz über wirtschaftliche Zusammenarbeit (Economic Cooperation Act. ECA) war. Am 16. April 1948 begann die Organisation für Europäische Wirtschaftliche Zusammenarbeit (OEEC) mit der Ausführung des Marshallplans.“ – ... Entsprechend weiter!

zu 4.1.1 *Nach dem 2. Weltkrieg* (Zeile 1) – *Nach der Regierungserklärung des Bundeskanzlers vom 20. September 1949* (Zeile 22) – *Investitionskredite 1946–1949* (Zeile 34ff.) – *Der Bebauungsplan von 1947* (Zeile 46). Der Text behandelt also offenbar die Zeit unmittelbar nach dem 2. Weltkrieg und verschiedene Entwicklungen bis 1949.

zu 4.1.2 Der Orientierungsteil nennt bereits wichtige Daten; in F (S. 85f.) z. B. finden Sie dann einen zusammenfassenden Überblick zur Vorgeschichte der Bundesrepublik Deutschland. Ein kurzer Text zum Thema könnte lauten:
Nach der bedingungslosen Kapitulation und dem Ende der faschistischen Diktatur am 8. Mai 1945 wurde Deutschland von den Siegern in vier Besatzungszonen aufgeteilt. Diese wurden von amerikanischen, sowjetischen, britischen und französischen Militärregierungen verwaltet. Berlin war aufgeteilt in vier Sektoren. Aufgrund des Potsdamer Abkommens vom 2. August 1945 sollten die ganz Deutschland betreffenden Fragen durch den Alliierten Kontrollrat geregelt werden. Schon bald aber kam es zu Spannungen zwischen den Siegermächten und zu einer Aufteilung der Welt in einen östlichen und einen westlichen Einflußbereich. Der Kalte Krieg begann mit der Entstehung des „Eisernen Vorhangs“. Die drei Westzonen wurden durch den Marshallplan von 1947 wirtschaftlich intensiv von den USA unterstützt und somit fest in den Westblock integriert. Mit der Währungsreform und der Berlin-Blockade im Juni 1948 zeichnete sich die Spaltung Deutschlands deutlich ab. 1949 schlossen sich die Westzonen zu einer Trizone zusammen. Daraus entstand dann die Bundesrepublik Deutschland, deren Grundgesetz am 23. Mai verkündet wurde, als ein Staat mit kapitalistischer Wirtschaftsordnung. Im selben Zeitraum wurde unter Führung der USA das westliche Militärbündnis NATO gegründet, dem die Bundesrepublik Deutschland aber noch nicht angehören konnte. Bei den Wahlen zum ersten Bundestag im August 1949 wurde die SPD zwar stärkste Partei, aber eine Koalition unter Führung des Bundeskanzlers Adenauer (CDU) übernahm die Regierung und drängte die SPD in die Opposition. Im Einflußbereich der Sowjetunion entstand am 7. Oktober des gleichen Jahres die DDR, die entsprechend den Vorstellungen der UdSSR ein sozialistischer Staat werden sollte.

zu 4.2.1 Es geht um den Stadtstaat Hamburg im Norden Deutschlands.

zu 4.2.2 Solch eine Beschreibung ist z. B. dieser Text:
Die Freie und Hansestadt Hamburg ist mit 753 km² Fläche das zweitkleinste Land der Bundesrepublik Deutschland. Es wird eingerahmt von Schleswig-Holstein, dem nördlichsten Bundesland, und Niedersachsen im Süden. Die Stadt liegt ca. 100 km von Ost- und Nordsee entfernt an der Elbe, die bis Hamburg von großen Seeschiffen befahren werden kann. Obwohl der Stadt seit Kriegsende das Hinterland fehlt – die Grenze zur DDR ist knapp 60 km entfernt –, hat sie einen der größten Häfen Europas. Wegen seiner modernen Anlagen, z. B. gibt es einen großen Container-Terminal, gilt Hamburg als konkurrenzfähiger „schneller Hafen“. Als „Hafengeburtstag“ wird der 7. Mai 1189 bezeichnet, an dem Kaiser Barbarossa der Stadt einen Freibrief ausstellte. Gegründet wurde Hamburg allerdings schon im 9. Jahrhundert. Seitdem entwickelte es sich stetig, besonders auch in Zusammenarbeit mit der Stadt Lübeck während der Zeit der Hanse im 13. Jh. Die Bevölkerungszahl stieg im 19. Jh. trotz des „Großen Brandes“ 1842, der ein Drittel der Altstadt vernichtete, rapide und überschritt noch vor dem 1. Weltkrieg die Millionengrenze. Hamburg wurde Welthandelsmetropole. Nach großen Schäden im 2. Weltkrieg wurde es schnell wieder aufgebaut. Neben dem Hafen und allen möglichen damit zusammenhängenden Industriezweigen gibt es eine vielseitige Verbrauchsgüterindustrie und im Tertiärbereich zahlreiche Handels- und Verwaltungszentren, Verlage etc. Daneben existiert eine große Universität mit über 30000 Studenten, eine Musikhochschule und eine Hochschule für bildende Künste. Berühmt ist die Hamburger Oper. Heutzutage hat die Stadt – die größte der Bundesrepublik – knapp 1,7 Millionen Einwohner, davon ca. 10% Ausländer. Regiert wird der Stadtstaat von einem Bürgermeister und einem Se-

nat; das Parlament ist die „Bürgerschaft", in der seit Kriegsende die SPD die stärkste Partei ist. Seit 1978 stellt sie allein die Regierung.

zu 4.3.1 *Hauptarbeitsstätten im Hafen und im Zentrum* (Zeile 7f.), *Die zweckmäßige und gesunde Nähe von Wohnstätten zum Hafen* (Zeile 10f.). Am Ende des Textes wird der Hauptgedanke der Planung deutlich: Man will die *Industriestätten* verkehrsgünstig konzentrieren und die *Gewerbebetriebe* in den Wohngebieten jeweils zentral lokalisieren. Mittelpunkt ist offenbar der Hafen.

zu 4.3.2 Eine kurze Zusammenfassung wäre (s. auch 4.2.2): Hamburg hat eine Art See- und Binnenhafen zugleich. Innerhalb der Europäischen Gemeinschaft (EG) ist die Konkurrenz von Rotterdam (Niederlande) und Antwerpen (Belgien) sehr stark. Dort wird ein großer Teil des Überseehandels von Rhein und Ruhr abgewickelt. Die Hafenstadt Hamburg hat als „schneller Hafen" zahlreiche moderne Umschlaganlagen und ein differenziert ausgebautes Verkehrssystem; darüber hinaus Werften, Ölraffinerien und für importierte Rohstoffe Verarbeitungsindustrien. Vom Hafen sind viele Wirtschaftszweige, insbesondere auch in Handel und Verwaltung, abhängig.

zu 4.4.1 Explizit z. B.: a) *Westzonen*, b) *1948: RM* (= Reichsmark) und *DM* (= Deutsche Mark), c) *Regierungserklärung des Bundeskanzlers vom 20. September 1949*, d) *Bündnisstrategie*, e) *Wirtschaftsförderung*; Implizit z. B.: zu a) Deutschland ist aufgeteilt in Besatzungszonen, die von den Siegermächten kontrolliert werden. zu b) Die Währungsreform findet im Juni 1948 statt und macht die Westzonen im Zusammenhang mit der finanziellen Hilfe durch die USA zu einem eigenen Währungsgebiet. zu c) Wahlen haben auf der Grundlage einer parlamentarisch-demokratischen Verfassung in den ehemaligen Westzonen stattgefunden, die nunmehr einen westlichen deutschen Teilstaat bilden: die Bundesrepublik Deutschland. zu d) Infolge des Kalten Krieges hat die Westintegration der künftigen Bundesrepublik begonnen, wodurch diese zu einem der wichtigsten Bündnispartner der USA werden wird. zu e) Die Übertragung des westlichen, kapitalistischen Wirtschaftssystems setzt sich durch und bestimmt damit die bis heute andauernde gesellschaftliche und politische Entwicklung der Bundesrepublik.

zu 4.4.2 Da **Ihr Vorwissen** angesprochen ist, können nur **Sie** eine Lösung formulieren. Auch der Umfang weiterer Information soll Ihnen überlassen bleiben.

zu 4.5 Eine Möglichkeit der Lösung:
Der Text behandelt den Wohnungs- und Städtebau Nachkriegsdeutschlands im Zeitraum von *1945* bis *1949* am Beispiel der Stadt *Hamburg*. Zu dieser Zeit gab es als Folge des Bombenkriegs katastrophale Wohnverhältnisse, die die Wiederaufnahme der Produktion stark behinderten. Für Hamburg bildete der *Hafen* als wichtigster Wirtschaftsfaktor das Zentrum des *Wiederaufbaus*. Deshalb fing man mit der Wiederherstellung zerstörter Gebäude und Einrichtungen an, obwohl man noch 1947 beim „Aufbau der Stadt" alte Fehler vermeiden wollte und eine neue *Infrastruktur* plante. In den *damaligen Westzonen* begann, nachdem sich die Sowjetunion mit den westlichen *Alliierten* zerstritten hatte, die Rekonstruktion der Wirtschaft mit der Aufhebung der *Produktionsbeschränkungen* und dem Wirksamwerden der Marshall-Plan-Gelder. Dieses zog 1948 eine *Währungsreform* nach sich. Die Einführung des *sozialen Wohnungsbaus* war nach der *Gründung der Bundesrepublik Deutschland* 1949 ein wichtiger Programmpunkt der *Regierungsparteien* CDU, CSU, FDP, DP, die unter dem *Bundeskanzler Adenauer* durch die *soziale Marktwirtschaft* die Restauration der kapitalistischen Produktionsverhältnisse bewirkten. Aus diesem Grund wurden auch die Neuplanungen in Hamburg nicht völlig verwirklicht, denn

auch hier fand nur ein geordneter *Wiederaufbau* nach ausschließlich ökonomischen Gesichtspunkten statt.

zu 4.6.1 Aus der **Retrospektive** analysiert dieser **wissenschaftliche Sachtext** 1975 den Wohnungsbau und seine politischen Rahmenbedingungen in den Jahren 1945–1949 in Hamburg. Dabei ist ein Hauptziel Information über historische Fakten und deren Interpretation. Offenbar wollen die Verfasser aber auch zeigen, wie durch *die Restauration der kapitalistischen Produktionsverhältnisse* und die Durchsetzung von *ausschließlich ökonomischen Gesichtspunkten* die Chancen der „Stunde Null" zur Verwirklichung einer sozialeren *völligen Neuplanung* nicht genutzt wurden.

zu 4.6.2 Als derartiger Kommentar ist denkbar:
Die „Stunde Null" ist vorbei. Die Bundesrepublik Deutschland ist gegründet. Der Wiederaufbau hat begonnen. Noch haben wir die Chance nicht ganz verspielt, in unserer Stadt für die Zukunft ein wirklich soziales, menschenwürdiges Wohnen und Leben zu ermöglichen. Noch liegt der Bebauungsplan von 1947 vor. Er sollte die alten Fehler vermeiden. Durch ihn sollte ein neues Kapitel in der Baugeschichte dieser Stadt geschrieben werden. Aber was geschieht? Die Baukredite schrumpfen, die Wirtschaftskredite blähen sich auf. Die großzügigen und weitdenkenden Planungen von 1947 verschwinden in den Schubladen und weichen kleinkarierten und engstirnigen Maßnahmen einer geldhörigen Bürokratie. Nicht mehr errichten Menschen für uns eine wohnliche Stätte aus neuen Bausteinen für eine bessere Zukunft, sondern schon wieder diktiert der Wirtschaftsapparat das Zusammenzimmern von Mietskasernen aus den alten Trümmern für seine schlechteren Zwecke. Das darf nicht sein. Wir brauchen keine Slums, wir wollen keine Arbeiterghettos. Wir wollen unsere Freiheit in freundlichen Wohnungen einer neu aufgebauten Stadt genießen können. Deshalb fordern wir die Verantwortlichen auf: Verwirklicht den Bebauungsplan von 1947 jetzt – ehe es wieder zu spät ist.

zu 6.1 (a) Die Umschichtung der Bevölkerung in den großen Städten und in Verbindung damit die „Flucht" der wohlhabenden Bürger aufs Land; (b) Deutsche, Verheiratete und ökonomisch gesicherte Schichten ziehen in die Randgebiete, Ausländer, Alleinstehende und eine hochmobile Übergangsbevölkerung ziehen in die Innenstädte; (c) Durch den Ausbau des Verkehrssystems schrumpfen die Entfernungen, und die Einzugsbereiche der Kernstädte vergrößern sich gewaltig. (d) Die Innenstadtgebiete werden in jeder Hinsicht benachteiligt. Sie verlieren ökonomisch leistungsfähige Bürger. Die Menschen dort sind *alleinstehend*, die kommunalpolitische Aktivität sinkt, die finanziellen Zuwendungen verringern sich.

zu 9.4 z. B. zum Wohnungsbau: (a) Es herrschte Wohnungsnot, man brauchte Wohnraum. – Man wollte schöner wohnen, z. B. in einem eigenen Haus. (b) Im Stadtzentrum in der Nähe der Arbeitsplätze – In den Randbezirken der Städte auf dem Land. (c) Zerstörte Gebäude wurden unter Beibehaltung der alten Infrastrukturen wieder aufgebaut. – Neubautätigkeit findet im Umland relativ großzügig statt, in den Städten unter Auffüllung von Baulücken und Vernichtung von Grünflächen.

Arbeitseinheit 2: Zu Institutionen in der Bundesrepublik Deutschland

zu 4.1.1 s. Lösungen zu Arbeitseinheit 1, 4.1–4.6, aber auch Orientierungsteil Arbeitseinheit 1, z. B. 1. 9. 1948 Parlamentarischer Rat oder Juni 1948 Berlin-Blockade.

zu 4.1.2 Beispieltext: In den Jahren 1933 bis 1945 herrschte in Deutschland der Faschismus. Auf der Basis einer straff organisierten Massenpartei, deren Mitglieder vor Gewaltanwendung in der politischen Auseinandersetzung nicht zurückschreckten, hatte Adolf Hitler – unterstützt von Großwirtschaft, Großgrundbesitz, hohem Beamtentum und Militär – als „Führer" die Macht ergriffen und propagierte den Nationalsozialismus als Ideologie des deutschen Volkes, das berufen sei, die Welt zu beherrschen sowie den Kommunismus und das Judentum als Hauptfeinde zu bekämpfen. Durch die Vernichtung der Demokratie und die Errichtung der Diktatur sowie durch Propaganda und Rassenideologie, denen ein großer Teil der Bevölkerung blind Glauben schenkte, wurde der Terror im Innern gegen Juden und Sozialisten ermöglicht wie auch der lange geplante militärische Überfall auf andere Völker und deren Versklavung. Der von Hitlerdeutschland entfachte 2. Weltkrieg brachte eine bis dahin unvorstellbare Vernichtung von Menschen und Material mit sich (ca. 40 Millionen Soldaten und Zivilisten und 1500 Milliarden Dollar Gesamtkosten). Gleichzeitig kam es zur Ausrottung von 6 Millionen Juden, die in Konzentrationslagern systematisch ermordet wurden. Der in Ansätzen vorhandene Widerstand – vor allem in Resten der durch die Faschisten zerschlagenen Arbeiterbewegung – konnte gegen das NS-Regime bis zu dessen durch die Alliierten erkämpften Zusammenbruch nichts ausrichten.

zu 4.2.1 Beispieltext: Die Bundesrepublik Deutschland liegt mitten in Europa. Im Norden hat sie mit dem skandinavischen Land Dänemark eine gemeinsame Grenze, ansonsten bilden hier Ost- und Nordsee natürliche Grenzen wie andererseits im Süden die Alpen, bis zu deren Nordrand sich die Bundesrepublik erstreckt. Mit den Ländern im kontinentalen Osteuropa und den westeuropäischen atlantischen Ländern gibt es keine natürliche Abgrenzung. In Nord-Süd-Richtung steigt das Land aus der norddeutschen Tiefebene über die Mittelgebirgszone bis zum Alpenvorland und dem Alpenrand an. Von Süden in nördlich-nordwestlicher Richtung fließen der Rhein – eine wichtige Binnenschiffahrtsstraße – die Ems, die Weser und die Elbe, die alle in die Nordsee münden. Ganz im Südwesten der Bundesrepublik, im Schwarzwald, entspringt die Donau, die Süddeutschland von Westen nach Osten in Richtung Schwarzes Meer durchschneidet. Im Alpenvorland im Süden, in den Mittelgebirgen und in der Schleswig-Holsteinischen Schweiz im Norden finden sich zahlreiche Seen, der Nordseeküste vorgelagert im Wattenmeer eine Kette von Inseln. All dies macht die deutschen Landschaften außerordentlich abwechslungsreich; dazu paßt das Klima mit Niederschlägen zu allen Jahreszeiten. Die Bundesrepublik Deutschland liegt in der kühl-gemäßigten Zone, wobei das Wetter im Nordwesten stärker ozeanisch (kühle Sommer / relativ milde Winter), im Osten und Südosten eher kontinental (fast heiße Sommer / kalte Winter) bestimmt ist. Ebenfalls starken Einfluß auf die Wechselhaftigkeit der Witterung haben die unterschiedlichen landschaftlichen Formationen. --- Das Staatsgebiet der Bundesrepublik Deutschland ist ca. 248620 km^2 groß, die längste Distanz von Norden nach Süden ist 853 km, von Westen nach Osten 453 km, an der schmalsten Stelle zwischen DDR und Frankreich beträgt die Entfernung nur 225 km. Folgende Staaten haben gemeinsame Grenzen mit der Bundesrepublik: Dänemark, die DDR (1381 km streng bewachte Grenze trennen die beiden deutschen Staaten), die Tschechoslowakei, Österreich, die Schweiz, Frankreich, Luxemburg, Belgien, die Niederlande. In der Bundesrepublik leben etwas mehr als 60 Millionen Menschen, davon ca. 4 Millionen Ausländer (vor allem „Gastarbeiter" und ihre Familien). Aus diesen Zahlen erklärt sich die große Bevölkerungsdichte von durchschnittlich fast 250 Einwohnern pro km^2, die natürlich in dem Industrie- und Ballungszentrum Ruhrgebiet noch viel höher ist. Zehn Bundesländer bilden die Bundesrepublik Deutschland: Baden-Württemberg (Landeshauptstadt: Stuttgart), Bayern (größtes Land, München), Bremen (kleinstes Land, Stadtstaat), Hamburg (Stadtstaat), Hessen (Wiesbaden), Niedersachsen (Hannover), Nordrhein-Westfalen (bevölkerungsreichstes Land, Düsseldorf), Rheinland-Pfalz (Mainz), Saarland (Saarbrücken), Schleswig-Holstein (Kiel). West-Berlin – bestehend aus den drei Sektoren der westlichen Alliierten – ist kein Bundesland, aber mit dem Rechts- und Wirtschaftssystem der Bundesrepublik eng verknüpft, obwohl es völlig von der DDR umschlossen ist.

zu 4.2.2 Hier sollen vor allem die Kriegsfolgen deutlich werden, d. h. die Verkleinerung des deutschen Staatsgebietes und damit verbundene Konsequenzen, die Entstehung zweier deutscher Staaten, die Neuordnung in Osteuropa durch das Vordringen des Sozialismus und die damit sich vollziehende Abgrenzung der Interessensphären von Ost- und Westblock in diesem Bereich. Durch das Potsdamer Abkommen wurde 1945 ca. ein Viertel des Gebietes des Deutschen Reiches vor 1938 unter polnische bzw. sowjetische Verwaltung gestellt. Dies betrifft die ehemals deutschen Ostgebiete: Ostpreußen (Nordteil sowj. / Südteil poln.), Schlesien und Teile von Pommern und Brandenburg, insgesamt 114000 km^2. Damit wurde u. a. Polen für Verluste eigenen Gebiets an die Sowjetunion entschädigt. Gleichzeitig erkannten die USA, die UdSSR und Großbritannien die Notwendigkeit der Überführung der deutschen Bevölkerung aus Polen, der Tschechoslowakei (Sudetendeutsche) und Ungarn an. Dieses führte zu einer riesigen Ost-West-Völkerwanderung von ca. 13 Millionen heimatlos gewordenen und vertriebenen Deutschen. Gleichzeitig wird damit die Oder-Neiße-Grenze de facto deutsche Ostgrenze; zwischen ihr und den drei Westzonen (dann der Bundesrepublik Deutschland) etabliert sich als 2. deutscher Staat die DDR. Staatsrechtlich werden diese Grenzverschiebungen erst Anfang der 70er Jahre in den Moskauer bzw. Warschauer Verträgen (1970) und im Grundlagenvertrag (1972) mit der Deutschen Demokratischen Republik von der Bundesrepublik Deutschland anerkannt.

zu 4.3.1 s. Lösung zu Arbeitseinheit 1, vor allem zu 4.1–4.6, aber auch:
Nach Gründung von Gewerkschaften und politischen Parteien im Westen Ende 1945 auf örtlicher Ebene gab es bereits 1946/47 nach demokratisch durchgeführten Landtagswahlen wieder Länderparlamente. 1947 schlossen die USA und Großbritannien ihre Zonen als „Vereinigtes Wirtschaftsgebiet" zur „Bizone" zusammen. Die betroffenen Länderparlamente entsandten Vertreter in einen „Wirtschaftsrat" (Vorparlament), der einen „Verwaltungsrat" wählte (Vorsitz: Erhard/CDU). Damit wurde bereits die künftige politische Entwicklung vorstrukturiert. Am 1. 9. 1948 trat in Bonn der Parlamentarische Rat, bestehend aus Delegierten der Länderparlamente aller drei Westzonen, mit der Aufgabe zusammen, ein „Grundgesetz", als vorläufigen Notbehelf anstelle einer gesamtdeutschen Verfassung, für ein westdeutsches staatliches „Provisorium" auszuarbeiten. Er wählte Adenauer/CDU zum Vorsitzenden.

zu 4.3.2 Nach der Londoner 6-Mächte-Konferenz (USA, Großbritannien, Frankreich, Benelux) bekommen im Juni 1948 die Ministerpräsidenten der Länder in den Westzonen den Auftrag, die Gründung eines westdeutschen Teilstaates vorzubereiten. Sie fürchten (zu recht), damit zur Spaltung Deutschlands beizutragen, dessen Einheit sie unbedingt erhalten wollen. Unter dem Druck der Siegermächte müssen sie aber handeln. – – – In Ostdeutschland waren schon im Sommer 1945 Parteien zugelassen worden, wobei die Kommunistische Partei (KPD) sehr stark von der Besatzungsmacht unterstützt wurde, die 1946 die dortige Sozialdemokratische Partei (SPD) zur Vereinigung mit der KPD aufforderte: Sozialistische Einheitspartei Deutschlands

(SED). Die von nun an führende SED forderte auch einen gesamtdeutschen Staat, aber wegen unüberbrückbarer politischer Gegensätze scheiterte bereits 1947 die gesamtdeutsche Ministerpräsidentenkonferenz in München. Seitdem verschärften sich die Spannungen unter dem jeweiligen Druck der Siegermächte weiter und führten 1949 zur Gründung zweier deutscher Separatstaaten.

zu 4.4.1 In der Anlage provisorisch, hat das GG infolge der politischen Entwicklung inzwischen den Status einer endgültigen Verfassung bekommen. Seine Struktur sollte antidemokratische Entwicklungen verhindern, wie sie zum Zusammenbruch der Weimarer Republik und der Machtergreifung durch den deutschen Faschismus geführt hatten. Der Festigung der neuen Demokratie sollte dienen: Eine starke Stellung des Bundeskanzlers, der nur durch ein konstruktives Mißtrauensvotum absetzbar ist; eine wesentlich schwächere Position des Bundespräsidenten, der eher Repräsentativfunktion nach außen hat; ein föderalistischer Aufbau, um eine zu starke Zentralmacht zu verhindern; eine repräsentative Demokratie ohne direkte plebiszitäre Möglichkeiten; eine starke Sicherung der Grundrechte als Rechte des Individuums und zugleich wesentliche Elemente der objektiven Rechtsordnung; ein Bundesverfassungsgericht als Bewahrer des GG; dazu die Fixierung des politischen Systems als Demokratie, Rechtsstaat, Sozialstaat und Republik; das Prinzip der Gewaltenteilung; betonte Stellung des Bundestages; verfassungsrechtlich gesicherte Arbeit der politischen Parteien. Zu diesen Grundsätzen steht das System der „sozialen Marktwirtschaft", ein mit sozialen Aspekten ausgestatteter Kapitalismus, trotz einiger „Mitbestimmungsgesetze" in einem gewissen Widerspruch.

zu 4.4.2 Nach Abdankung des Kaisers 1918 und Errichtung der Republik gilt in ihr die Verfassung für das Deutsche Reich, die „Weimarer Reichsverfassung". Sie wurde von der 1919 erstmalig aus allgemeinen, freien, gleichen und geheimen Wahlen hervorgegangenen „Nationalversammlung" beschlossen als Verfassung für den ersten parlamentarisch-demokratisch regierten deutschen Gesamtstaat, die „Weimarer Republik". An ihrer Spitze stand ein direkt vom Volk gewählter Reichspräsident, der den Reichskanzler ernannte. Das durch Verhältniswahlrecht zustande gekommene Parlament konnte diesen durch einfaches Mißtrauensvotum zum Rücktritt zwingen. Das geschah recht häufig in der Weimarer Republik, da jeder Kanzler auf Koalitionsbildung angewiesen war, weil keine Partei je für sich die absolute Mehrheit errang. Die in der Verfassung nicht erwähnten Parteien gerieten im Laufe der Zeit bei großen Teilen der Bevölkerung in Mißkredit; der Reichskanzler wurde zu einer Art „Ersatzkaiser" und konnte mit Hilfe eines in Artikel 48 der Verfassung vorgesehenen Notverordnungsrechts „seinen" Kanzler regieren lassen. Wenn der Reichstag aufgrund dieses „Diktaturparagraphen" erlassene Notverordnungen aufhob, ließ ihn seinerseits der Kanzler durch den Reichspräsidenten auflösen. Dies geschah in den letzten drei Jahren der Republik unter den Kanzlern Brüning, von Papen und Schleicher mehrfach. Das verfassungsrechtliche System war bereits zerstört, als schließlich Reichspräsident Hindenburg Hitler zum Kanzler berief. Dieser errichtete dann sehr schnell mit Hilfe von Notverordnungen, vor allem durch das „Ermächtigungsgesetz" vom 23. 3. 1933, knapp einen Monat nach dem Reichstagsbrand, de facto den Einparteienstaat, in dem Rechtsstaatlichkeit, föderativer Aufbau, Parteien und Gewerkschaften beseitigt waren, obwohl formal die Weimarer Reichsverfassung bis zum Zusammenbruch des Dritten Reiches 1945 in Kraft blieb.

zu 4.5 Das Grundgesetz ist die ursprünglich provisorische *Verfassung* der Bundesrepublik Deutschland. Es wurde im Jahre *1948/49* vom *Parlamentarischen Rat* geschaffen und löste die *Weimarer* Verfassung von *1919* ab, die formal auch während des *Dritten*

Reiches nicht außer Kraft gesetzt worden war. Die Väter des GG bemühten sich darum, aus dem Scheitern der Weimarer Republik zu lernen. In *Artikel 20 GG* wird die Bundesrepublik als demokratischer und sozialer *Bundesstaat* fixiert, in dem alle *Staatsgewalt* vom *Volk* ausgeht. Diese wird in Form einer repräsentativen Demokratie nach den Prinzipien der Gewaltenteilung ausgeübt. Damit haben die Parlamente als gesetzgebende Gewalt auch die Aufgabe der Unterstützung und Kontrolle der von ihnen als ausführende Gewalt eingesetzten Regierungen. Als unabhängige dritte Gewalt überwacht die Rechtsprechung die Einhaltung der Gesetze. Entsprechend der föderalistischen Ordnung wird auf allen drei *Ebenen: Bund, Ländern und Gemeinden* die Herrschaftsgewalt vom Volk auf die entsprechenden repräsentativen Organe übertragen. Auf Bundesebene geschieht das z. B. durch die normalerweise alle vier Jahre stattfindenden *Bundestagswahlen*. Hierbei spielen die *Parteien* eine große Rolle, da sie nach dem GG explizit die Aufgabe haben, bei der politischen Willensbildung des Volkes mitzuwirken. Zugleich konzentrieren sie durch ihre Arbeit die politischen Interessen und bringen sie u. a. im Parlament als einem Repräsentativorgan der Herrschaftsausübung ein. Neben ihnen sind auch noch die vielfältigen Interessenverbände an der Vermittlung des politischen Willens der Bevölkerung beteiligt. Ihre Einflußmöglichkeiten sind durch das GG jedoch nicht geregelt, so daß sich hier ein breiter Handlungs- und Interpretationsspielraum ergibt.

zu 4.6.1 Wissenschaftlicher Sachtext, der versucht, so schwierige Sachverhalte wie eine Verfassung und ihr Funktionieren zu erläutern. Der Autor bemüht sich um größtmögliche Objektivität. Eine Tendenz zur Stellungnahme deutet sich an, wenn er hervorhebt: Die Interessenverbände *werden zwar vom Grundgesetz in Artikel 9 ausdrücklich genannt, ihr Einfluß auf die Staatsorgane tritt dort aber nicht in Erscheinung.* Da sie zweifelsohne Einfluß haben, wird hier wohl vorsichtig auf ein Versäumnis aufmerksam gemacht oder auf die Notwendigkeit einer entsprechenden Interpretation (z. B. Einschränkung dieses Einflusses).

zu 4.6.2 23. 5. 1949: Mit dem heutigen Tage tritt das vom Parlamentarischen Rat erarbeitete und von ihm am 8. Mai 1949 mit 53 gegen 12 Stimmen angenommene Grundgesetz in Kraft. Ihm haben 10 von 11 Länderparlamenten zugestimmt. Der bayerische Landtag verweigerte die Ratifikation mit dem Hinweis, daß nach dortiger Auffassung die zentralen Organe zu viel Macht auf Kosten der Länder hätten. Mit dem Inkrafttreten des Grundgesetzes wird aus den drei Westzonen die Bundesrepublik Deutschland geschaffen. Am 14. August werden die ersten Wahlen zum Parlament, dem Bundestag, stattfinden. Auch wenn wir damit nicht die volle Souveränität erlangen, ist durch die Einrichtung entscheidungsfähiger deutscher Staatsorgane auf der Grundlage einer demokratischen Verfassung ein wichtiger Schritt zur Beseitigung der Kriegsfolgen getan. In diesem Zusammenhang haben aber wichtige Repräsentanten des politischen Lebens auf den provisorischen Charakter des Grundgesetzes hingewiesen, insbesondere auf das unverbrüchliche Festhalten an dem Gedanken der Einheit Deutschlands. In der Präambel des Grundgesetzes heißt es dazu: „Das gesamte Deutsche Volk bleibt aufgefordert, in freier Selbstbestimmung die Einheit und Freiheit Deutschlands zu vollenden.“ Sein letzter Artikel lautet: „Dieses Grundgesetz verliert seine Gültigkeit an dem Tage, an dem eine Verfassung in Kraft tritt, die von dem deutschen Volke in freier Entscheidung beschlossen worden ist.“ 23. 5. 1979: Heute vor 30 Jahren trat das Grundgesetz der Bundesrepublik Deutschland in Kraft. Zugleich damit wurde die Bundesrepublik als demokratischer Rechtsstaat ins Leben gerufen. Anläßlich dieses Jahrestages fanden an vielen Orten feierliche Veranstaltungen statt, auf denen zahlreiche Vertreter des geistigen und politischen Lebens zu Wort kamen. Dabei wurde insbesondere der feste Wille der Väter des

Grundgesetzes hervorgehoben, das Entstehen antidemokratischer Bewegungen in unserem Staatswesen zu verhindern. Auch an die Verpflichtung, „in freier Selbstbestimmung die Einheit und Freiheit Deutschlands zu vollenden", wurde erinnert.

zu 6.2.1 Beispiel für ein Kurzreferat: In Artikel 4 GG heißt es: „Die Freiheit des Glaubens, des Gewissens und die Freiheit des religiösen und weltanschaulichen Bekenntnisses sind unverletzlich. Die ungestörte Religionsausübung wird gewährleistet." Daher gibt es in der Bundesrepublik Deutschland keine Staatskirche, sondern eine Trennung von Staat und Kirche. Allerdings sind die Kirchen, aber auch andere Religionsgemeinschaften aufgrund einer weit zurückreichenden historischen Entwicklung Körperschaften des öffentlichen Rechts und dürfen von ihren Mitgliedern Kirchensteuern verlangen. In der Regel zieht das Finanzamt als staatliche Institution diese Gelder für die Kirchen ein. Der Kirchenaustritt muß vor einem Amtsgericht erklärt werden, der geistliche Nachwuchs wird im wesentlichen an staatlichen Universitäten ausgebildet. Insgesamt haben die Kirchen vielfältige Rechte im Staat. Ob diese fortbestehen sollen, wird heute häufig diskutiert, wie überhaupt in der Öffentlichkeit eine teilweise Distanzierung zur Kirche bemerkbar wird. Zu beachten ist aber dabei, daß die Kirchen z. B. durch Hilfe in der Kranken- und Altenpflege und auf vielen anderen Gebieten des sozialen Lebens aktiv und unter Einsatz großer Mittel im öffentlichen Leben mitwirken und sich z. B. auch mit Milliardenbeträgen aus Spenden der Bevölkerung in der Entwicklungshilfe engagieren, wie die evangelische Aktion „Brot für die Welt" und das katholische Werk „Misereor". Fast 90% der Einwohner in der Bundesrepublik sind Angehörige christlicher Kirchen, und zwar ungefähr zu gleichen Teilen evangelisch (mehr im Norden) bzw. katholisch (mehr im Süden). Es gibt noch Minderheiten anderer christlicher Gemeinschaften und anderer Weltreligionen. Durch die beträchtliche Anzahl türkischer „Gastarbeiter" ist hier besonders der Islam zu nennen. Die Evangelische Kirche in Deutschland (EKD) ist ein in der Bundesrepublik Deutschland und West-Berlin bestehender Bund von 17 im wesentlichen selbständigen Landeskirchen (z. T. andere Grenzen als die Bundesländer). Die Kirchenleitung liegt bei den Kirchenpräsidenten und Landesbischöfen; Kirchenverträge regeln das Verhältnis zum Staat. Die Synode der EKD ist ein „Kirchenparlament" (auf sechs Jahre gewählt), die Kirchenkonferenz besteht aus je einem Vertreter der Kirchenleitung der Landeskirchen; der Rat der EKD ist eine von Synode und Kirchenkonferenz (auch auf sechs Jahre) gewählte Exekutive. Auf diese Organe haben die Gemeinden nur indirekten Einfluß. – Die Katholische Kirche besteht in der Bundesrepublik Deutschland in fünf Kirchenprovinzen mit 21 Diözesen, d. h. fünf Erzbistümern und sechzehn Bistümern. Die Deutsche Bischofskonferenz übt die kollegiale Leitung aus; das Verhältnis von Staat und Kirche ist durch Konkordate zwischen Papst und den Ländern geregelt. Seit dem II. Vatikanischen Konzil wirken gewählte Vertretungen der Laien in der Kirche und an ihren Aufgaben mit.

Arbeitseinheit 3: Zu Familienstrukturen in der Bundesrepublik Deutschland

zu 4.1 s. Einführungskapitel, 9. Arbeitsschritt. Hier können aber auch „eigene" Erschließungsaspekte hinzugekommen sein.

zu 4.2.1 Ja, z. B. gleich: *2. 3. 1949 in Dortmund*, aber auch polit. z. B.: *is dann rübergemacht* (in die DDR) oder: *wie könnt ich ihnen das nur antun, und wenn ich jetzt rüberginge* (Inwiefern ‚polit.'?)

zu 4.2.2 z. B. **wirtsch.** oder **inst.** (Überschneidungen mit anderen Aspekten!) Sie sind vielleicht unwichtig, weil es sich hier um einen persönlichen Lebensbericht handelt, aber implizit werden sie z. B. in den Wohnverhältnissen (Wie sahen sie aus?) und Berufsangaben (Aus welcher sozialen Schicht stammen die erwähnten Personen?) oder z. B. in dem Hinweis auf die Scheidung der Eltern (Scheidungsrecht/Häufigkeit von Scheidungen?) deutlich.

zu 4.2.3 z. B. soz., die mit der Frage der Familienstruktur zusammenhängen.

zu 4.3 hist./geogr./polit./wirtsch./inst./soz., aber auch eventuell solche, die Sie selbst entwickelt haben.

zu 4.4 (a) z. B. Wann waren ...? (*kurz nach 1949* – hist.) – Wo waren ...? (*in der gerade gegründeten Bundesrepublik* – geogr.) – Wie waren ...? (Implizit: z. B. durch das Fehlen von Wohnungen – wirtsch./polit.) – – – (b) z. B. Was herrschte ...? (*große Bevölkerungsmobilität* – soz./wirtsch.) – – – (c) z. B. Warum lösten ...? (Implizit: z. B. Zerfall schnell geschlossener Kriegs- und Nachkriegsehen – soz./wirtsch.) – – – (d) z. B. Zwischen welchen Staaten ...? (geogr./polit.) – – – (e) z. B. Warum ist das Ruhrgebiet die bevölkerungsstärkste Region der Bundesrepublik? (Es ist ihr *größtes Industriegebiet* – wirtsch./soz./geogr.)

zu 4.5 Nach einem Interview protokollierter Lebensbericht der Verena D.: geb. 2. 3. 1949 – 1951: Scheidung der Eltern – seit 1953: bei Pflegeeltern aufgewachsen – 1953: Mutter und Stiefvater gehen in die DDR – 1961: erster Besuch mit den Pflegeeltern in der DDR – 1963 oder 1964: erneuter Besuch (allein) in der DDR – Frühjahr 1965: Beginn der kaufmännischen Lehre – Ostern 1967: Lehre beendet.

zu 4.6 1949: Gründung der Bundesrepublik Deutschland – 1951: Beginn des Verbots kommunistischer Organisationen u. a., Prozesse gegen Kommunisten, Beginn der Wiederbewaffnung, Kalter Krieg – 1953: 17. 6. Aufstand in der DDR 3 Monate nach Stalins Tod, Verschärfung des Kalten Krieges – 1961: Bau der Berliner Mauer und Höhepunkt des Kalten Krieges nach Massenflucht aus der DDR, Beginn des „Gastarbeiter"stroms – 1963/64: Ende der „Ära Adenauer" – 1965: Beginn der ersten Wirtschaftskrise in der Bundesrepublik Deutschland; Erhard bleibt noch Bundeskanzler – 1967: Die Große Koalition regiert, Studentenunruhen beginnen, Demonstrationen.

Arbeitseinheit 4: Zur Auseinandersetzung der Systeme Bundesrepublik Deutschland–Deutsche Demokratische Republik

zu 4.1 s. Arbeitseinheit 3, Antworten zu 4.1–4.3.

zu 4.2 s. Anhang I, Arbeitseinheit 4.

zu 4.3 **hist.**: z. B. *1945/1949/1961* – **geogr.**: z. B. *Sowjetunion/Deutsches Reich/Sowjetzone/Berlin/Bundesrepublik Deutschland/Europa* – **polit.**: z. B. *deutsche Frage/Schutzzone/Gegner eines Angriffskriegs/Wiedervereinigung/historische Chance/Friedensvertrag* – **inst.**: z. B. *kommunistische Staatsform/Staatsrat der DDR/Deutscher Bundestag/Regierung der Deutschen Bundesrepublik/deutsches Volk* – ideologisch: z. B. *Revanche verlangendes Deutschland/Wiedervereinigung in Frieden und Freiheit/die nationalen Interessen des deutschen Volkes* – – – Implizit weitere Aspekte: z. B. **wirtsch.** (s. S. 49) – – – Beachten Sie, daß die genannten Aspekte in den Texten (verschiedene Perspektiven!) auf vielfältige Weise verbunden sind und sich entsprechend kombinieren lassen. Dieses spielt bei einer zusammenhängenden Begründung eine große Rolle.

zu 4.4 Die Fragen, die Sie stellen sollten, sind vom Typ her: (**hist.**) Fragen nach den Ereignissen zu bestimmten Zeitpunkten und ihren Entstehungsbedingungen; (**geogr.**) Fragen nach der Lage der genannten Gebiete, nach den Grenzen und weiteren geographischen Gegebenheiten; (**polit.**) Fragen nach der Bedeutung der Begriffe und den dahinterstehenden Konzeptionen; (**inst.**) Fragen nach der Art der genannten Einrichtungen und ihrem Funktionieren im Staat; (**ideol.**) Fragen nach den vertretenen Positionen und den dahinter verborgenen Absichten.

zu 4.5 (a) **hist.**: z. B. Was geschah am 17. Juni 1953? (Streik und Erhebung der Bauarbeiter in Ost-Berlin: Ausdehnung auf die DDR); Was wollte Adenauer mit seiner Rede am 17. Juni 1961 zum Ausdruck bringen? (einen Anspruch des deutschen Volkes auf Selbstbestimmung und Einheit etc.); Wer wendet sich am 28. Juni an wen? (Der Staatsrat der DDR, der zu dieser Zeit praktisch fast Regierungsfunktion ausübt, wendet sich an den Deutschen Bundestag als die gewählte Volksvertretung, aber auch an die Regierung.) Woran zeigt der Staatsrat zu diesem Zeitpunkt Interesse? (Er will Verhandlungen zwischen Vertretern beider deutscher Staaten, was praktisch einer Anerkennung der Deutschen Demokratischen Republik gleichkäme und damit dem Verzicht auf den Alleinvertretungsanspruch seitens der Bundesrepublik Deutschland.) – – – (b) **geogr.**: z. B. Wo liegt Bonn? (Im Westen der Bundesrepublik Deutschland im Land Nordrhein-Westfalen, linksrheinisch.) Warum wurde Bonn Hauptstadt der Bundesrepublik Deutschland? (Hier tagte der Parlamentarische Rat, der das GG schuf, unter Vorsitz von K. Adenauer. Adenauer wohnte nahe dieser Stadt, die als nichtzentraler kleiner Ort zum „provisorischen" Regierungssitz bestimmt wurde.) – Wo liegt Berlin/Ost? (Mitten in der DDR.) – Warum wurde Berlin/Ost Hauptstadt der DDR? (Für den ersten „Arbeiter- und Bauernstaat" auf deutschem Boden, d. h. auch für den ersten sozialistischen deutschen Staat sollte es auf dem Gebiet der alten deutschen Reichshauptstadt seit 1949 den Rechtsanspruch symbolisieren, das nachfaschistische „Neue Deutschland" zu vertreten.) – – – (c und d) **polit.**: z. B. Was brachte der Beitritt der Bundesrepublik Deutschland zur NATO zum Ausdruck? (Die totale Westintegration der Bundesrepublik Deutschland und damit die endgültige Spaltung Deutschlands etc.) – Warum wurde die Deutsche Demokratische Republik souverän? (u. a. ein politischer Gegenzug zum NATO-Beitritt der Bundesrepublik Deutschland, um das Vorhandensein eines zweiten, ostintegrierten deutschen Staates zu dokumentieren) – Was bedeutete die Gründung des Warschauer Pakts 1955 und die Aufnahme der DDR 1956? (u. a. In einer Verschärfung des Kalten Krieges durch die politisch-militärische Westintegration der Bundesrepublik Deutschland konsolidiert die UdSSR ihre militärpolitische Position in Osteuropa.) – Was signalisiert die Herstellung diplomatischer Beziehungen zwischen Bundesrepublik Deutschland und UdSSR? (z. B. Die Bundesrepublik Deutschland wird als eigenständiger Staat betrachtet und versucht ihrerseits, den Schlüssel zur Lösung der deutschen Frage in Moskau zu finden, wobei die Hallstein-Doktrin ausnahmsweise nachrangigen Charakter hat.) – Welche politischen Entwicklungen sind Anfang der 60er Jahre mit den Namen dieser Regierungschefs verknüpft? (u. a. Kennedy: Liberalisierung, verstärkte soziale und internationale Politik der USA; Chruschtschow: Entstalinisierung, Politik der „friedlichen Koexistenz" bei gleichzeitigem internationalen Geltungsanspruch seitens der UdSSR; Adenauer: Starker Antikommunismus, Betonung eines „Alleinvertretungsanspruchs" der Bundesrepublik Deutschland, „Wiedervereinigung in Frieden und Freiheit" unter westlicher Perspektive; Ulbricht: Starker Antikapitalismus, Betonung der Deutschen Demokratischen Republik als des ersten Arbeiter- und Bauernstaats auf deutschem Boden, Vertretung der „nationalen Interessen des deutschen Volkes" unter sozialistischer Perspektive.) – – – (e) **wirtsch.**: z. B. Wie kommt es zum allmählichen Ende des „Wirtschaftswunders"? (Der Wiederaufbau ist weitgehend vollzogen; die bislang effektive Technologie ist überholt; die in- und ausländischen Märkte der Bundesrepublik Deutschland sind abgeschöpft, neue Märkte noch nicht in Sicht; die Unternehmergewinne sinken; die Investitionsfreudigkeit läßt nach etc.) – Was bedeutet der Arbeitskräftemangel wirtschaftlich? (Bestimmte Produktionszweige sind nur begrenzt funktionsfähig, damit entstehen Lücken im gesamten volkswirtschaftlichen Prozeß usw.) – Wie kommt es zum Beginn des „Gastarbeiter"-stroms? (Durch den großen Arbeitskräftebedarf infolge der Vollbeschäftigung und durch das Abschneiden des Flüchtlingsstroms aus der DDR infolge des Mauerbaus wird es notwendig, anderswo Arbeitskräfte zu rekrutieren.) – Wozu führen Exportdefizite? (z. B. zu einer unausgeglichenen Handelsbilanz) – Was behindert die wirtschaftliche Entwicklung in der DDR? (Die umfangreichen Demontagen von Industrieanlagen durch die UdSSR, das Fehlen von Energierohstoffen außer Braunkohle, das Fehlen jeder finanziellen Unterstützung, der weitgehend agrarische Charakter des Landes, die Flucht qualifizierter Arbeitskräfte usw.) – Was bedeutete der Aufbau einer Industrie aus eigenen Mitteln? (z. B. Ohne eine finanzielle Unterstützung [wie Marshall-Plan] außerordentlich zeit- und kostenaufwendige Investitionen, die sich erst langfristig bezahlt machen, Umwandlung der Sozialstruktur) – Warum wurde die Landwirtschaft neu organisiert? (Nach sozialistischen Vorstellungen wurde der Großgrundbesitz abgeschafft und verteilt, aber um die Produktivität zu erhöhen, mußte die Vielzahl entstandener Kleinbetriebe wieder in Landwirtschaftlichen Produktionsgenossenschaften (LPG) zusammengefaßt werden. etc.) – – – (f) **ideol.**: Was war der Hintergrund für die beidseitige Betonung von Friedens- und Wiedervereinigungswillen? (Beide deutsche Staaten waren abhängig von ihren Siegermächten, die gerade die „friedliche Koexistenz" und den „Status quo" propagierten; zugleich erhoben sie aber beide den Anspruch, das „wahre" Deutschland zu vertreten und ein Gesamtdeutschland unter ihrem jeweiligen System zu errichten. etc.)

zu 4.6 Beispieltext: Durch das ungeheure Anschwellen des Flüchtlingsstroms aus der DDR spitzt sich im Jahre 1961 die Krise zwischen den beiden deutschen Staaten weiter zu. Die Bundesrepublik Deutschland beharrt auf ihrem Standpunkt, rechtmäßiger Nachfolger des Deutschen Reiches zu sein, und fordert daher die Wiedervereinigung Deutschlands auf der Grundlage freier Wahlen. Sie sieht den Schlüssel dazu in Moskau und wendet sich deshalb mit ihren Forderungen an die Sowjetunion, die nach ihrer Meinung die DDR freigeben soll. Die DDR ihrerseits, die von der UdSSR bereits 1955 die Souveränität zugesprochen bekommen hat, will als eigener Staat auch vom Westen anerkannt werden und verlangt mit Unterstützung der UdSSR Verhandlungen über einen Friedensvertrag und Wiedervereinigungsregelungen zwischen beiden deutschen Staaten. Sie hofft, auf diese Weise die Massenflucht zu stoppen und sich wirtschaftlich zu konsolidieren. Beide Staaten versprechen eine friedliche Lösung in Mitteleuropa, zumal ihre jeweiligen „Schutzmächte" auf der Grundlage der Doktrin der „friedlichen Koexistenz" eine begrenzte Annäherungspolitik betreiben. Zugleich haben jedoch Bundesrepublik Deutschland und Deutsche Demokratische Republik jede den Hintergedanken, auf die Dauer *ihr* System für ganz Deutschland durchzusetzen. Der darin liegende Widerspruch wird auf beiden Seiten mit ideologischen Formulierungen wie der Forderung nach *einer guten Lösung der deutschen Frage* oder dem Aufruf: *Eine historische Chance für die deutsche Nation gilt es wahrzunehmen!* verschleiert. Mit dem Bau der Berliner Mauer am 13. August 1961 wird ein Höhepunkt des Kalten Krieges erreicht, der in sich die Gefahr eines

3. Weltkrieges birgt. Die Deutsche Demokratische Republik, die damit eine innere Konsolidierung einleitet, muß sich von der Bundesrepublik Deutschland den Vorwurf gefallen lassen, ein riesiges KZ errichtet zu haben, sie selbst spricht von einem „antifaschistischen Schutzwall" gegen angebliche militaristische Bestrebungen der Bundesrepublik Deutschland. Für die ganze Welt wird das faktische Neben- bzw. Gegeneinander zweier deutscher Staaten mit Duldung ihrer „Schutzmächte" deutlich.

Arbeitseinheit 5: Zum Kulturleben in der Bundesrepublik Deutschland

zu 4.1.1 Heinrich Böll wurde am 21. Dezember 1917 als Sohn eines Schreinermeisters und Bildhauers in Köln geboren. Er begann nach dem Abitur eine Buchhändlerlehre, wurde aber 1938 für ein Jahr zum Arbeitsdienst einberufen, studierte 1939 noch ein Semester Altphilologie und wurde dann im Sommer zur Wehrmacht eingezogen. Von 1939 bis 1945 war er Soldat, hauptsächlich in Rußland. 1945 kehrte er aus amerikanischer Gefangenschaft nach Köln zurück, arbeitete in der Schreinerei seines Bruders und dann als Behördenangestellter, begann Germanistik zu studieren und nahm die schon 1936 begonnenen schriftstellerischen Versuche wieder auf. 1947 erschienen seine ersten Kurzgeschichten, seit 1951 ist Böll als freier Schriftsteller tätig. 1967 erhielt er den Büchnerpreis, 1972 den Nobelpreis für Literatur. Die Thematik seines ganz überwiegend erzählerischen Werks hat sich von einer in den Anfängen durch die eigene Erfahrung bestimmten Kriegs-, Heimkehrer- und Trümmerliteratur zu einer ebenso auf kritischer Wahrnehmung der Umwelt beruhenden entlarvenden Gesellschaftsanalyse der bundesrepublikanischen Gegenwart gewandelt. Trotz aller ironisierenden Kritik auch gerade des offiziellen christlichen Kirchenbetriebes wird in seinen Werken eine von tiefer Humanität getragene Religiosität erkennbar.

zu 4.1.2 Böll bespricht kritisch den 1965 erschienenen ersten Band von K. Adenauers Memoiren: Erinnerungen 1945–1953.

zu 4.1.3 Die vorliegende Buchbesprechung ist eine Rezension, die sich stark literarischer Stilmittel bedient.

zu 4.1.4 Beispieltext: Böll sieht die Memoiren Adenauers aus der Perspektive verschiedener Leser, die alle wissen, daß dieser Mann das Schicksal der Bundesrepublik in ihren ersten 14 Jahren entscheidend bestimmt hat: Selbst historischer Laie, aber kritischer Zeitgenosse, erwartet er von den Historikern, daß sie das Überspringen wichtiger politischer Ereignisse empört und daß von ihnen eine Kontroverse eingeleitet wird. Hier ist das Kriterium Wahrheitsgehalt und Ehrlichkeit, die Böll in Adenauers Werk vermißt. – Von Philologen, Philosophen und insbesondere Geistlichen, also Lehrern im weiteren Sinne, erwartet er, daß sie aus ethischen Gründen den jugendgefährdenden Charakter des Buches erkennen. Ein Kriterium ist hier ganz allgemein die (christliche) Moral, die durch *Materialismus, Opportunismus, Pragmatismus und Zynismus* völlig mißachtet erscheint. – Von den Lesern insgesamt erwartet er, daß sie die *Armselig*keit dieser *vertrockneten* Prosa erkennen. Ein Kriterium ist hier der Umgang mit der Muttersprache, die der Autor offenbar nicht lebendig genug zu nutzen verstand. – Von jugendlichen Lesern erwartet Böll schließlich, daß sie den ideologischen Gebrauch z. B. der Formel *christliche Ideale* durchschauen, hinter der sich eine kapitalistische, militaristische und antisozialistische Position verbirgt. Ein Kriterium ist hier die religiöse und humanitäre Grundhaltung, die durch Schlagwörter lediglich vorgetäuscht wird.

zu 4.1.5 Beispieltext: Eines der hervorstechendsten Stilmerkmale dieser Rezension Bölls liegt in der Ironie des Textes, der allen möglichen Lesern die Adenauer-Memoiren als Lektüre empfiehlt, ja geradezu aufdrängt, damit sie merken, wie schlecht nicht nur das Buch ist, sondern auch *wes Geistes Kind* der von ihnen bis dahin vielleicht hochgeschätzte Autor – der ehemalige Bundeskanzler – wirklich ist. Die Ironie trifft dabei vor allem auch die institutionalisierten Vertreter der Kirchen, *die Hirten und Oberhirten der verschiedenen Konfessionen,* die mit der aus starkem Zweifel genährten Äußerung bedacht werden, ob sie *noch an ethischen Fragen interessiert sind, aber sein könnte es ja.* Auch der hier pointiert ironisch gesetzte Konjunktivgebrauch bzw. der Einsatz von Modalverben, wodurch Zweifel (Zeile 14–16: *Es sei denn, ... werde ... sogar zur moralischen Aufrüstung empfohlen*), Vermutung (Zeile 18–23: *versuchte aber ..., er würde ... Mag sein, ...*) oder indirekte Aufforderung zum Handeln (Zeile 12–14: *... könnte der Fall eintreten, daß ... eingereiht würde*) ausgedrückt wird, gehört zu den bestimmenden Stilzügen dieses Textes wie auch Reihungen (Zeile 3/4: *Ahlener Programm, ...,* Zeile 14/15: *Materialismus, ...,* Zeile 20–22: *Privatbesitz, ...*), Wiederholungsformen (Zeile 6/7 *Philologen und Philosophen, ... Hirten und Oberhirten,* Zeile 8/9: *welcher Sprache, wes Geistes Kind ... wieder- und wiederzuwählen ...*) und an den gedachten Leser gerichtete Fragen (Zeile 1: *Wer wird ... lesen?,* Zeile 11: *Ich weiß nicht, ob ...*).

zu 4.1.6 Mögliche Intentionen werden u. a. in den Lösungen zu 4.1.4 und 4.1.5 deutlich.

zu 4.2.1 und 4.2.2 Beachten Sie! Überschneidungen sind hierbei unvermeidbar. An Aspekten sind zumindest festzustellen: a) **hist.**, z. B. *Historiker, Archive*; b) **geogr.**, z. B. *Berliner Blockade, „christliches Abendland“*; c) **polit.**, z. B. *Ahlener Programm, Wehrdebatte*; d) **wirtsch.**, z. B. *Währungsreform, Privatbesitz* e) **soz.** etc. z. B. *Philologen und Philosophen, vor allem aber Hirten und Oberhirten, Jugend*; f) **inst.** etc. z. B. *Fall Globke, den zu wählen ...*; g) **kulturelle** etc. z. B. *moralische Aufrüstung, „christlich-abendländisch“* und eventuell weitere!?

zu 4.2.3 z. B. zu a) 1. Was sollen die Historiker nachweisen? 2. Was ist damit gemeint, daß die Archive sich öffnen sollen? zu b) 1. Wieso war die Berliner Blockade geographisch möglich? 2. Welchen Bereich umfaßt das christliche Abendland? zu c) 1. Was für Forderungen enthielt das Ahlener Programm? 2. Worum ging es in der Wehrdebatte? zu d) 1. Was wurde durch die Währungsreform ökonomisch erreicht? 2. Welche Rolle spielt der Privatbesitz in der Bundesrepublik Deutschland? zu e) Welche gesellschaftliche Stellung haben Philologen und Philosophen, Hirten und Oberhirten? 2. Warum wird die Jugend besonders angesprochen? zu f) 1. Welche Stellung hatte Globke? 2. Welche Funktionen hatte Adenauer? zu g) 1. Was bedeutete das Schlagwort „moralische Aufrüstung“? 2. Was ist nach Böll mit dem ideologischen Gebrauch von christlich-abendländisch durch Adenauer gemeint?

zu 4.2.4 z. B. a) 1. *Lücken*; 2. Man kann dann feststellen, was (aus welchen Gründen) verschwiegen wurde. d) 2. *Privatbesitz* ist offenbar etwas sehr Wichtiges, was es durch *eine starke Armee ... zu verteidigen* gilt. e) 2. Der Jugend könnte das Buch als Vorbild für die Darstellung des Lebens eines erfolgreichen Menschen *empfohlen* werden. g) 2. Offenbar nichts, was noch mit eigentlichen christlichen Werten zu tun hat, sondern etwas, das sich stattdessen bezieht auf: *Privatbesitz, eine starke Armee, jenen zu verteidigen* usw.

zu 4.2.5 z. B. b) 1. J, K: Die wenigen Transitwege nach West-Berlin, das mitten in der SBZ lag, konnten mit Ausnahme der Luftkorridore („Luftbrücke“) leicht militärisch abgeriegelt werden, ohne daß eine unmittelbare Kriegsgefahr drohte. – 2. C, F: Die westlichen (christlichen) Länder, meist nur Europas. – – c) 1. E, F: Das Ahlener Programm der CDU der britischen Zone (1947) forderte: Entflechtung der Konzerne, Vergesellschaftung der Montan- und Schwerindustrie, Wirtschaftsplanung u. a. – 2. T, Z: „Wiederbewaffnung", Errichtung der „Bundeswehr", „Wehrpflicht", also westdeutscher Wehrbeitrag zur NATO. – – d) 1. E, H: Beseitigung des Geldüberhangs, Vermeidung offener Inflation, Trennung des Währungssystems der Westzonen von dem der SBZ usw. – – e) 1. F, L: Als Akademiker und Geistliche sind sie Vertreter der Bildung (Schulen und Universitäten) und der Religion (Kirchen und Konfessionen) und gehören daher zu gesellschaftlichen Elitegruppierungen, die als Multiplikatoren an der Bildung der öffentlichen Meinung mitwirken. – – f) E, T: 1. Globke war von 1932–1945 in leitender Stellung im Reichsinnenministerium tätig, wirkte 1935 am offiziellen Kommentar zu den Nürnberger Rassegesetzen der Nazis mit, wurde 1950 im Bundeskanzleramt Leiter der Hauptabteilung für innere Angelegenheiten und war 1953–1963 als Leiter des gesamten Amtes und Staatssekretär engster Mitarbeiter Adenauers, mit dem gemeinsam er 1963 vom Amt zurücktrat. – 2. Adenauer war 1917–1933 Oberbürgermeister der Stadt Köln, wurde von den Nazis als politisch verdächtig amtsenthoben, wurde 1948/49 Präsident des Parlamentarischen Rates, war 1949–1963 Bundeskanzler („Kanzlerdemokratie"), Parteivorsitzender der CDU/CSU und vieles mehr. – – g) 1. A, C: Von Frank Buchman (USA) begründete Bewegung zur geistigen, politischen und sozialen Erneuerung im Geiste des Christentums. In der Adenauer-Ära wurden unter diesem Schlagwort die damaligen Vorstellungen von der kulturpolitischen Mission der „christlichen Parteien" in der Bundesrepublik Deutschland verbreitet.

Arbeitseinheit 6: Zum Bildungssystem in der Bundesrepublik Deutschland

zu 4.1 s. in den vorangegangenen Arbeitseinheiten unter 4.

zu 4.2 s. **Anhang I,** Arbeitseinheit 6, Ausgangstext: Quellenangaben.

zu 4.3 Zumindest alle bisher genannten Aspekte sind relevant!

zu 4.4 und 4.5 z. B. **hist.** 1. Wie sah das deutsche Bildungswesen im 19. Jahrhundert aus? – Es war *ständisch-obrigkeitsstaatlich* organisiert. – C, F: Es gab von den Landesherren eingerichtete Schulen und Universitäten, deren Schüler/Studenten fast nur aus den gehobenen Schichten stammten und die vorwiegend der Heranziehung von Kräften für den Staatsdienst dienten. Daneben existierten auch Volksschulen; das gesamte Bildungssystem entsprach einer ständischen Dreigliedrigkeit. – – 2. Von welchen *gegenwärtigen gesellschaftlichen Entwicklungen* ist die Rede? – Sie werden mit den Worten *Modernisierung und Demokratisierung* charakterisiert. – G, S: Nach dem Machtwechsel bemüht sich die SPD/FDP-Koalition u. a. um die Befriedigung von auf Demokratisierung gerichteten Wählerwünschen, insbesondere auch im Bildungswesen, wo durch die Studentenbewegung politische Impulse entstanden waren. – – 3. Was wird *in den nächsten Jahrzehnten* von der Bildungsreform erwartet? – Sie muß ein demokratisches, leistungs- und wandlungsfähiges Bildungssystem schaffen. – F, G: Durch Bildungsreform und Bildungsplanung will man das Wirtschaftswachstum fördern, um mit der industriellen und ökonomischen Entwicklung Schritt zu halten. – – – **geogr.** 1. Welche Gebiete wurden in Deutschland im 19. Jahrhundert *obrigkeitsstaatlich* regiert? – Vermutlich alle, da *das deutsche Bildungssystem* entsprechend *gestaltet* war. – D, I: Das ganze deutsche Reichsgebiet, da hier noch die Fürsten, seit 1871 der deutsche Kaiser die oberste Regierungsgewalt innehatte. – – 2. Wo gibt es bereits Gesamtschulen und Gesamthochschulen *in der Bundesrepublik*

Deutschland? – Wahrscheinlich erst an wenigen Orten, weil von *der Entwicklung* eines *umfassenden Systems* die Rede ist. – G, J: Meist als Experimente ca. 200 Gesamtschulen in der ganzen Bundesrepublik, davon relativ viele in Hessen und Hamburg; Gesamthochschulen z. B. in Bamberg, Duisburg, Eichstätt, Essen, Kassel, Paderborn, Siegen, Wuppertal. – – 3. Welche *anderen demokratischen Industriestaaten* können gemeint sein? – Als Vergleichsgröße kommen die westlichen *Industriestaaten* in Frage. – F, G: z. B. USA, Schweden, Japan. – – – **polit.** 1. Wer legte die *ständisch-obrigkeitsstaatlichen Ordnungs- und Bildungsvorstellungen* fest? – Die *Obrigkeit,* also vermutlich ein absoluter Herrscher. – C, I: Die Landesherren, der Adel, die Geistlichkeit und das gehobene Bürgertum. – – 2. Wie soll in der Bundesrepublik Deutschland *politische Bildung* stattfinden? – Offenbar durch Angebote *von der Vorschulerziehung bis zur Weiterbildung,* zumindest wird das angestrebt. – C, F: Politische Bildung soll mit Hilfe der Erkenntnisse der Sozialwissenschaften im weitesten Sinne vermittelt werden, insbesondere auch durch Analyse der Wirtschaftsprozesse, um politisch mündigen Bürgern ein dauerhaftes Zusammenleben auf freiheitlicher Grundlage zu ermöglichen. – – 3. Was bedeutet das Ansteigen des Anteils der Ausgaben für Bildung und Forschung am Bruttosozialprodukt politisch? – Die öffentliche Hand muß wesentlich mehr für Bildung und Wissenschaft ausgeben, diesen Bereich also favorisieren. – F, H: Einerseits müssen andere Bereiche des öffentlichen Lebens (andere Ressorts) Gelder zur Finanzierung von Bildungsreformmaßnahmen abgeben, andererseits breitere Bevölkerungsschichten am Zugang zu verbesserten Bildungseinrichtungen beteiligt werden. – – – **wirtsch.** 1. Wie wirkten sich die in aller Welt anerkannten Leistungen des deutschen Bildungssystems im 19. Jahrhundert wirtschaftlich aus? – Da sie bemerkenswert waren, vermutlich durch einen wirtschaftlichen Aufschwung. – H, I: Durch eine Fülle von Erfindungen entwickelte sich die deutsche Industrie in der zweiten Hälfte des 19. Jahrhunderts in raschem Tempo und schuf damit die materielle Basis für eine wirtschaftliche und politische Konsolidierung bzw. Machtstellung des Deutschen Reiches. – – 2. Inwiefern nutzt *ein demokratisches, leistungs- und wandlungsfähiges Bildungssystem* wirtschaftlichen Interessen? – Da es in den letzten Jahrzehnten ähnlich in anderen demokratischen Industriestaaten aufgebaut worden ist, um konkurrenzfähig zu bleiben. – – E, J: Ein solches nach den Erkenntnissen von Bildungsökonomie und -planung strukturiertes, flexibles Bildungssystem (auch gerade auf dem beruflichen Sektor) soll gesamtgesellschaftliche Probleme lösen helfen, die z. B. mit dem Ost-West-Konkurrenzdenken zusammenhängen und dem Ziel einer wesentlichen Steigerung des Bruttosozialproduktes. – – 3. Warum gibt es Aufwendungen aus der Wirtschaft für das Bildungssystem? – Ihre Erwähnung an dieser Stelle deutet an, daß sie einen Einfluß haben müssen. – G, H: Durch Bildungsinvestitionen sollen die für die Rentabilität des Produktionsprozesses notwendigen Maßnahmen in der schulischen und beruflichen Bildung wie auch besonders auf dem Gebiet der Erforschung und Entwicklung neuer Produktionsformen ermöglicht werden. – – – **soz. etc.** 1. Wie sahen die *damals herrschenden gesellschaftlichen Bedingungen* aus? – Die Gesellschaft war *ständisch* gegliedert und hierarchisch-*obrigkeitsstaatlich* organisiert. – C, D: Eine prozentual sehr kleine Oberschicht kontrollierte Macht und Kapital im Staat. – – 2. Welche soziale Konzeption muß mit einem *Bildungssystem, das jedem Bürger von der Vorschulerziehung bis zur Weiterbildung . . . offensteht,* verbunden sein? – Eine Vorstellung von einer Gesellschaft, in der ihr Angehörende zumindest in der Bildung gleiche Chancen haben. – E, F: Da die chancengleiche Nutzung eines solchen Bildungssystems wesentlich von der sozialen Situation des einzelnen in der betreffenden Gesellschaft abhängt, muß der gesamte Sozialbereich, also Bildungs-, Familien-, Wohnungs- und Sozialpolitik sowie eine Humanisierung der Arbeitswelt mit erfaßt werden. – – 3. Was für *hierarchische Strukturen und Organisationsformen* gibt es an der Hochschule? – Offensichtlich haben nicht alle dort *Tätigen bei gleichen Aufgaben auch gleiche Rechte,* und nicht *alle Angehörigen der Hochschule* sind *an den Entscheidungsprozessen* beteiligt. – E, J: An den Hochschulen gibt es verschiedene, hierarchisch gegliederte Selbstverwaltungsorgane. An der Spitze steht ein Präsident oder Rektor. Die einzelnen Mitglieder der Hochschule haben, auch noch seit dem Hochschulrahmengesetz von 1976 unterschiedlich gestufte, zum Teil sehr eingeschränkte Mitwirkungsrechte. Die Hochschulen sind außerdem ihrerseits, zumindest indirekt, von ihrem Geldgeber, d. h. dem Staat, abhängig. – – – **inst. etc.** 1. Wie wurde in einem *ständisch-obrigkeitsstaatlichen* System die Herrschaftsgewalt ausgeübt? – Durch Verordnungen der *Obrigkeit* und der höchsten *Stände.* – C, I: In der Regel hatte ein Fürst die mehr oder weniger absolute Regierungsgewalt inne und herrschte mit Hilfe einer „Kabinettspolitik" oder eines von ihm bestimmten Kanzlers (z. B. Kaiser Wilhelm I. nach der Reichsgründung 1871 mit Bismarck als „Eisernem Kanzler"). – – 2. In welchem Zusammenhang steht der Verfassungsgrundsatz der Chancengleichheit im GG? – Offenbar im Zusammenhang mit dem *Recht auf Bildung.* – G, R: Nach dem Art. 3 Abs. 1 GG sind alle Menschen vor dem Gesetz gleich. Aus diesem allgemeinen Gleichheitsgrundsatz folgen eine Fülle von Konkretisierungen schon im GG; so darf z. B. nach Art. 3 Abs. 3 niemand wegen seines Geschlechts, seiner Abstammung, Rasse, Sprache, Heimat, Herkunft, seines Glaubens, seiner religiösen oder politischen Anschauungen benachteiligt oder bevorzugt werden. Unterschiedliche Behandlung ist jedoch gerechtfertigt, wenn ein Sachverhalt durch unvergleichbare Merkmale gegenüber anderen so entscheidend geprägt ist, daß die vergleichbaren Elemente demgegenüber zurücktreten. – – 3. Wie ist das *Recht auf Bildung* gesetzlich verankert? – Nach der Formulierung scheint es ein Grundrecht zu sein, also im GG. – F, R: Das Recht auf Bildung resultiert u. a. aus Art. 2 Abs. 1 GG: Jeder hat das Recht auf freie Entfaltung seiner Persönlichkeit. In der Bundesrepublik Deutschland sind die Chancen, dieses Recht zu verwirklichen, z. B. für Arbeiterkinder aufgrund ihrer sozialen Situation, des politisch-sozialen Bewußtseins ihrer Familien und durch den Aufbau des Bildungssystems, wie wissenschaftliche Untersuchungen ergeben haben, wesentlich eingeschränkter als bei anderen Gruppen der Bevölkerung. – – – **kult. etc.** 1. Was ist mit *den Maßstäben jener Zeit* gemeint? – Vermutlich sind damit die damaligen Anforderungen und Beurteilungen von wissenschaftlichen und technischen *Leistungen* gemeint. – C, D: Die Maßstäbe wurden u. a. gesetzt durch die Situation von Wissenschaft und Forschung und ihren Beitrag zur nationalen, industriellen und wirtschaftlichen Entwicklung Deutschlands, wobei die Deutschen auch aufgrund der Humboldtschen Universitäts- und Bildungsreform beachtliche Leistungen erbrachten. – – 2. Welche Kulturvorstellung steht hinter dem Wunsch, *Freude an selbständiger schöpferischer Arbeit* zu wekken? – Bildung soll eine dauerhafte Grundlage für freiheitliches Zusammenleben schaffen. – F, Z: Kulturpolitik ist wegen der im GG verankerten Kulturhoheit der Länder nicht direkt Bundesangelegenheit, jedoch bemüht sich die SPD/FDP-Regierung verstärkt um eine Förderung dieses Bereichs, insbesondere auf dem Gebiet Wissenschaft, Forschung und Technik, aber auch auf dem Sektor der Förderung kultureller Aktivität des Individuums im Sinne einer verstärkten Demokratisierung. – – 3. Was bedeutet *die Formulierung neuer Lehrinhalte* für das Bildungssystem? – Eine Reform, die nur in langfristiger Planung zu *verwirklichen* ist. – F, J: Auf vielen Gebieten wird versucht, die Unzulänglichkeiten des bisherigen Bildungssystems in der Bundesrepublik Deutschland, z. B. Mangel an Durchlässigkeit, an Mitwirkungsmöglichkeiten von Lehrern und Eltern bei der Bildungsplanung, an Finanzierung, zu beseitigen. Damit verbunden ist auch eine Reform der Bildungsinhalte, die aber, wie die anderen Probleme auch, noch lange Diskussionsgegenstand der widerstreitenden bildungspolitischen Meinungen bleiben wird.

zu 4.6 Beispieltext: 1970, ein Jahr nach dem Machtwechsel, stellte die regierende sozialliberale Koalition in einem Bildungsbericht ihre bildungspolitische Konzeption vor. Der Planungszeitraum reichte bis in die achtziger Jahre und sollte Vorkehrungen für eine Bildungsreform in den nächsten Jahrzehnten ermöglichen. Das Hauptziel war Demokratisierung im Schul- und Hochschulbereich und die Schaffung eines möglichst flexiblen und ansprechenden Angebots von der Vorschule bis zur Erwachsenenbildung. Es ging um Mobilisierung von Bildungsreserven und darum, im Sinne eines bestmöglichen Zugangs von breiteren Bevölkerungsschichten mit einer vielfach gestiegenen Nachfrage Bildungsmöglichkeiten zu schaffen. Dies war nur möglich durch wesentlich verbesserte Bildungseinrichtungen – vom Raumangebot über die Gesamtstruktur bis hin zu den Inhalten. Ein wichtiger Grund für diese Politik lag darin, daß die neue Regierung durch Modernisierung des Bildungswesens die Wettbewerbsfähigkeit der Bundesrepublik Deutschland steigern wollte, um wirtschaftlich-technologisch mit den internationalen Standards der großen Industriestaaten, auch besonders im Ost-West-Vergleich, Schritt zu halten. Dazu bedurfte es nach ihrer Meinung der Überwindung des veralteten Bildungssystems, das im 19. Jh. einerseits den adligen Landesherren als Ausbildungsinstrument für ihre Staatsdiener und andererseits der gehobenen bürgerlichen Bevölkerung als Aufstiegsmöglichkeit von Nutzen war und das zudem, insbesondere nach der Humboldtschen Universitätsreform, in Wissenschaft und Forschung große Erfolge errungen hatte, die sich politisch und wirtschaftlich ummünzen ließen. Das seither in seinen wesentlichen Grundzügen erhalten gebliebene dreigliedrige Schulsystem erschien im Vergleich mit anderen Staaten wie USA, Japan und Schweden, aber auch UdSSR und DDR, nicht mehr zeitgemäß, sondern überholungsbedürftig. Auch sollten durch Öffnung der Hochschulen im Bereich erhöhter Leistungsanforderungen neue Ausbildungskapazitäten für die starken Geburtenjahrgänge vom Anfang der 60er Jahre geschaffen werden. Eine Rolle spielte dabei unverkennbar der Aspekt der Verbesserung der Chancengleichheit und der Ermöglichung der freien Entfaltung der Persönlichkeit für möglichst viele Mitbürger. Man wollte auf diese Weise durch das GG z. B. mit dem Gleichheitsgrundsatz gebotene demokratische Gesellschaftsprinzipien verstärkt umsetzen. In diesem Sinn war ebenfalls die Einrichtung von Gesamtschulen, besonders in Hessen und Hamburg, wie auch die Gründung von Gesamthochschulen z. B. im Ruhrgebiet zu verstehen, wenngleich auch bei allen Maßnahmen zur Bildungsförderung immer wieder das wirtschaftliche Interesse an der Effektivierung des Produktionsprozesses und damit an der Steigerung des Bruttosozialprodukts durchschlug. Hier ergeben sich für die Realisierung der 1970 umrissenen Bildungsplanung Schwierigkeiten. Während einerseits die demokratischen Zielsetzungen lediglich durch einen großen finanziellen Mehraufwand nicht nur in der Bildungs-, Wissenschafts- und Kulturpolitik, sondern auch in der Familien-, Wohnungs- und Sozialpolitik sowie bei der Humanisierung der Arbeitswelt zu erreichen sind, steht dazu andererseits im Widerspruch, daß die erforderlichen Mittel wegen der kurzfristig nicht erkennbaren Effektivität von den anderen Bereichen des öffentlichen Lebens nicht in ausreichendem Maße zur Verfügung gestellt werden.

Arbeitseinheit 7: Zu sozialen Bedingungen in der Bundesrepublik Deutschland

zu 4.1.1 Hier sollen die im Umgang mit dem angebotenen Material erfahrenen Schwierigkeiten realisiert worden sein.

zu 4.1.2 Die bisherigen Arbeitserfahrungen sollen mit der Vorgabe des Einführungskapitels in Zusammenhang gebracht worden sein.

zu 4.1.3 Beispieltext: Wer eine *Sprache* lernt, soll vor allem auch etwas über das Land erfahren, dessen Sprache er lernt. Er will in dieser Sprache abgefaßte Texte als sachkundiger *Leser* verstehen, d. h. er möchte über das bloße *Wortverständnis* hinaus den gesamten *Kontext* des ihm vorliegenden Materials erfassen können. Das bedeutet, daß er nicht nur den *Textzusammenhang* erkennen muß, sondern dies ist nur möglich, wenn er aus dem Material heraus eine Fülle von *Fragen* entwickeln und nach Möglichkeit auch beantworten kann. Hier liegen große Probleme, denn dazu braucht er *Hilfsmittel,* weil seine *Vorinformationen* in der Regel nicht zum vollen Textverstehen ausreichen dürften, vor allem dann nicht, wenn er alle *landeskundlich relevanten Bereiche* befragen und in sein *Vorwissen* richtig einordnen will. Deshalb ist es nicht nur wichtig, daß er den *Verfasser* des Textes, dessen *Redeintention,* die *Textsorte* und die *zeitliche Darstellungsperspektive* kennt, sondern auch einen *Katalog von Erschließungsaspekten* für landeskundliche Texte zur Verfügung hat. Durch die angemessene *Auswahl von historischen, geographischen, politischen etc. Aspekten eines Textes* ergeben sich weitere Fragen und zugleich Hinweise zum Erkennen von *Begriffen* und *Stichwörtern,* mit denen er durch Verwendung der ihm zur Verfügung stehenden Hilfsmittel seine *Informationsdefizite* auszugleichen vermag. Sodann müßte er in der Lage sein, über landeskundliche Probleme, mit denen er sich auf diese Weise beschäftigt hat, zusammenhängend und als anzuerkennender Partner zu kommunizieren.

zu 4.2.1 s. **Anhang I:** Arbeitseinheit 7, Ausgangstext – Quellenangabe.

zu 4.2.2 a) **hist.** Welche wichtigen Ereignisse finden zur selben Zeit statt wie die verschiedenen Veränderungen des Systems der sozialen Sicherung nach 1948? b) **geogr.** Woher kommen die Betroffenen? c) **polit.** Welche politischen Erklärungen lassen sich für die diversen Veränderungen im sozialen System und besonders im Bereich der GKV finden? d) **wirtsch.** Was für wirtschaftliche Folgen hatte die Verlagerung des Risikos „Einkommensausfall durch Krankheit“ auf die Arbeitgeber? e) **soz.** Wie läßt sich der vom Text festgestellte soziale Fortschritt im Zusammenhang mit der vollen Lohnfortzahlung im Krankheitsfall begründen? f) **inst.** Welche Rolle spielte das Arbeitsrecht für die gesetzliche Krankenversicherung? g) **ideol.** Was für ein Bild von der gesellschaftlichen Entwicklung in der Bundesrepublik Deutschland wird durch den Text erzeugt?

zu 4.2.4 Hilfsmittel aus dem **Anhang II** könnten sein: C, E, F, G, H, L, R, S, T, W.

zu 4.2.5 Beispieltext: In eine Bilanz über 25 Jahre Bundesrepublik Deutschland gehört auch die Darstellung des Systems der sozialen Sicherung in diesem Land, vor allem weil in der deutschen Bevölkerung das Bedürfnis nach Sicherheit gerade aufgrund der schrecklichen Kriegserfahrungen und des schwierigen Wiederaufbaus einer Existenz außerordentlich groß war. In Deutschland gab es bereits seit dem Kaiserreich (Bismarck) eine Sozialgesetzgebung, die zwar von der nach sozialer und politischer Veränderung drängenden Arbeiterbewegung bewirkt worden war, diese aber in der Folge in ihrer politischen Durchsetzungskraft erheblich einschränkte. Arbeiter und Unternehmer wurden verpflichtet, jeweils zur Finanzierung der Sozialversicherung beizutragen und hatten damit neben dem Staat am System der sozialen Sicherheit für alle Anteil. Die finanziellen Grundlagen und damit das System selbst wurden dann durch Hitlers Kriegspolitik und deren Folgen zerstört. Daher mußten mit der Gründung der Bundesrepublik Deutschland Neuregelungen geschaffen werden. Das heutige System der sozialen Sicherung läßt sich aufteilen in 1. Sozialversicherung, die ca. 90% der gesamten Erwerbsbevölkerung bzw. Arbeiter und Angestellten in den Bereichen Renten-, Kranken-, Unfall- und Arbeitslosenversicherung erfaßt, für die (z. T. bis zu einer bestimmten Höhe des Einkommens) der einzelne Arbeitnehmer versicherungspflichtig ist; 2. Leistungen zum Ausgleich von Schäden bei einer begrenzten Gruppe von Menschen wie Kriegsopfer, Vertriebene und Flüchtlinge (auch aus der DDR); 3. Betreuung individueller Sozialfälle (öffentliche Fürsorge bzw. Sozialhilfe), die sich selbst nicht ausreichend versorgen können, z. B. Arme, Berufslose, Kranke, Behinderte, Blinde, Alte. Für Sozialleistungen wurden in der Bundesrepublik 1977 ca. 30% des Bruttosozialprodukts, nämlich 379 Milliarden DM aufgewandt, d. h. daß die Sozialpolitik aufs engste mit der Gesellschaftspolitik, der gesamten wirtschaftlichen Entwicklung und der Wirtschaftspolitik verknüpft ist. Die einzelnen Entwicklungen und Veränderungen des Systems der sozialen Sicherung in der Bundesrepublik Deutschland markieren zugleich gewisse Etappen ihrer Geschichte. In der Gründungsphase ging es insbesondere darum, für die ungeheure Zahl der durch den Krieg Geschädigten, für die Vertriebenen und Flüchtlinge ein halbwegs menschenwürdiges Dasein zu ermöglichen und für die Integration in den neuen Staat zu sorgen. Dies geschah durch das Soforthilfe-, das Bundesversorgungs- und das Lastenausgleichsgesetz. Die Wiedereinführung der Selbstverwaltung in der Sozialversicherung sicherte bei den Sozialversicherungsträgern (z. B. allgemeine Ortskrankenkassen, Berufsgenossenschaften, Landesversicherungsanstalten und Arbeitsämtern) das Recht auf Mitwirkung von Versicherten und Arbeitgebern. Natürlich hat der Staat in diesen Körperschaften als dritter Geldgeber ebenfalls erheblichen Einfluß. Begünstigt durch den beginnenden wirtschaftlichen Aufschwung konnte die erste Regierung Adenauer diese Maßnahmen noch vor den Wahlen, in denen die CDU/CSU dann fast 15% mehr Stimmen gewann, erfolgreich durchführen. Im Zuge einer großen Rentenreform, die im Februar 1957 in Kraft trat, wurde auch die Krankenversicherung für Rentner und die Altershilfe für Landwirte neu geregelt. Mit diesen Maßnahmen erfaßte man eine in dieser Zeit sehr große Gruppe der Bevölkerung. Die „Adenauer-Wahlen" im Herbst 1957 brachten der CDU/CSU die absolute Mehrheit. Eine weitere Gruppe der Bevölkerung wurde drei Jahre später durch das Handwerkerversicherungsgesetz versorgt. Die CDU blieb 1961 stärkste Partei im Bundestag. Zehn Jahre später, kurz nach dem Machtwechsel kommt es dann zu neuen gesetzlichen Regelungen in diesem Bereich, durch die die Kriegsopferrenten den Lohnentwicklungen angepaßt wurden, um so ein durch die 1. Krise sicher mitbeeinflußtes soziales Versäumnis zu korrigieren. Ähnliches gilt für die Ausdehnung des Unfallversicherungsschutzes auf eine in dieser Hinsicht bis dahin wenig beachtete Gruppe, nachdem bereits im Juli 1970 das aktive Wahlalter auf 18 gesenkt worden war. Ebenfalls in die Zeit des Machtwechsels fällt die Änderung des Arbeitsrechts, mit der eine sechswöchige Lohnfortzahlung im Krankheitsfall festgesetzt wird und sich das Risiko des Einkommensausfalls durch Krankheit auf den Arbeitgeber verlagert. Damit wird die gesetzliche Krankenversicherung, also indirekt die öffentliche Hand, zwar entlastet, den Arbeitgebern ist jedoch für Tarifverhandlungen ein Argument gegen Lohnsteigerungen an die Hand gegeben. Insgesamt scheint damit auch die Geschichte des Systems der sozialen Sicherung in der Bundesrepublik Deutschland widerzuspiegeln, daß beim Ausbau dieses demokratischen und sozialen Rechtsstaats ein gesamtwirtschaftliches Interesse im Vordergrund steht, das die Interessen der arbeitenden Bevölkerung erst in zweiter Linie berücksichtigt.

zu 4. Herkunftsbedingungen des Textes aus **Anhang I;** weitere Informationen mit Hilfe von **Anhang II:** E, F, H, J u. a.

Beispieltext: Mit seiner vieldeutigen Schlagzeile: *Umkehr der Wegwerfgesellschaft* macht gegen Ende der 70er Jahre ein Zeitungsartikel am Beispiel der Geschichte der Flasche deutlich, wie sich das gesellschafts- und wirtschaftspolitische Denken in der Bundesrepublik Deutschland in 25 Jahren gewandelt hat: Mitte der 50er Jahre strebte das Wirtschaftswunder seinem Höhepunkt zu, in der wiederaufgebauten und rasch expandierenden Industrie fand die große Zahl zur Verfügung stehender qualifizierter Arbeitskräfte gute Beschäftigungsmöglichkeiten. Die Bundesbürger vergaßen die Notzeiten. Allgemeines Wirtschaftswachstum und persönlicher Wohlstand wurden zum höchsten Ziel. Die „Verbraucherplebs" der Konsumgesellschaft entstand. Der Korea-Boom im Westen, die internationale Wirtschaftskooperation und sprunghafte Verbesserungen der Technologie sorgten u. a. für einen erstaunlichen Anstieg des Bruttosozialprodukts und die Ausschöpfung aller verfügbaren Mittel zur Steigerung der industriellen Produktion. Über mögliche Folgen dieser Entwicklung machte man sich zunächst kaum Gedanken. Auf diese Weise verdoppelte sich der Primär-Energieverbrauch bis 1975 innerhalb von 20 Jahren, die Müllmenge verzehnfachte sich. Diese Entwicklung führte zunehmend zu Maßnahmen der Regierungen, so z. B. 1971 zur Vorlage eines Umweltschutzprogrammes als Beitrag zur Politik der inneren Reformen. 1974 folgte das Bundesimmissionsgesetz zum Schutz vor Luftverunreinigung, Geräuschen, Erschütterungen, Licht, Wärme, Strahlen u. a., das, streng am Verursacherprinzip orientiert, dem Schuldigen die Kosten für entsprechende Schädigungen auferlegte. Die Ölkrise 1973/74 und die weltweite Wirtschaftskrise 1974–1976 machten zudem Regierung und Bevölkerung energiebewußt, wenn auch die im Dezember über 1 Million steigende Arbeitslosenziffer die immer noch bestehende Wachstumsideologie stärker begünstigte als Umweltschutzüberlegungen. Die Fortschreibung des Energieprogramms von 1977 versuchte dem Streben nach Wirtschaftlichkeit und den Umweltschutzbedenken gleichzeitig Rechnung zu tragen, indem es die Entwicklung entsprechender Technologien forderte. Zugleich wurde einer Ausweitung und Sicherung des Energieangebots und einer Verringerung der -nachfrage, einer Stabilisierung der heimischen Kohleförderung und einer Ausweitung der Kernenergieproduktion das Wort geredet. Gegen letzteres wandten sich zahlreiche Bürgerinitiativen, auch gerade unter dem Aspekt des Umweltschutzes. Mit einer Fülle von Aktionen versuchten sie u. a. den Bau von Kernkraftwerken zu verhindern. Der Bundesverband der Deutschen Industrie verwies in diesem Zusammenhang darauf, daß deshalb zahlreiche neue Arbeitsplätze nicht errichtet werden konnten, und sprach von einem für 1978 geschätzten Investitionsstau von 54 Milliarden DM. Andererseits wurden durch den neuen Bereich Umweltschutz in den Jahren 1975–1979 ca. 370000 Arbeitsplätze geschaffen. All diese Daten signalisieren, daß sich Teile der Bevölkerung in der Bundesrepublik Deutschland, wie auch in anderen Industriestaaten, insbesondere zweier Probleme bewußt geworden sind: der Gefährdung der Umwelt durch Industrie und Energieerzeugung einerseits, andererseits der Gefährdung der wirtschaftlichen Entwicklung durch Energiemangel. Wie für die Zukunft eine Lösung gefunden werden kann, die eine bessere Lebensqualität für alle erlaubt, ist noch offen.